장르의 경계를 무너뜨리며 현대예술에 다양성을 가져온 백남준

백남준의 예술적 토대가 된 독일의 다름슈타트

백남준은 1957년과 1958년, 두 해에 걸쳐 이곳에서 열린 국제 현대음악 여름 강좌에 참여해 케이지, 슈토크하우젠, 바우어마이스터 등 예술적 스승이자 동료들을 만나 작품의 영감을 얻은 것은 물론, 전위예술가 그룹인 플럭서스에 합류해 파괴적이고 파격적인 퍼포먼스를 선보이며 예술가로서 두각을 드러냈다. 백남준 스스로도 자신의 삶이 다름슈타트에서 시작되었다고 이야기할 만큼 이곳에서의 경험은 그가 본격적으로 예술가의 길을 걷는 데 자양분이 되었다.

비디오아트가 움튼 독일의 부퍼탈

백남준은 부퍼탈의 파르나스갤러리에서 첫 번째 개인전인 '음악의 전시—전자 텔레비전'을
열어 당시 새로운 매체로 각광받던 텔레비전을 사용해 청각 예술인 음악을 시각적으로
형상화했을 뿐만 아니라, 관객들의 참여를 이끌어내 누구도 예측할 수 없는 작품을
내놓았다. 훗날 백남준은 부퍼탈을 그리워하며 이곳의 독특한 모노레일인
슈베베반을 모티브로 한 작품을 만들기도 했다.

❶ 종로 한국
백남준의 영원한 고향

서린동에서 태어난 백남준은 다섯 살 무렵에 창신동의 큰 대문 집으로 이사해 이곳에서 청소년기를 보냈다. 현재 큰 대문 집이 있던 자리에는 백남준기념관이 들어서 있다. 백남준은 세계 곳곳을 누리며 살았지만 한국에서 보낸 유년시절의 기억을 자신의 예술적 모태로 여겼다.

❷ 백남준아트센터 한국
백남준을 추억하다

경기도 용인에 위치해 있으며, 백남준이 세상을 떠난 지 2년이 되던 해인 2008년에 문을 열었다. 한국에서 백남준의 작품들과 그에 관한 다양한 자료들을 가장 많이 소장한 곳이다. 전시 주제에 따라 만날 수 있는 작품이 매번 달라진다. 백남준은 살아생전에 자신의 이름을 딴 이 아트센터를 '백남준이 오래 사는 집'이라고 불렀다.

❸ 가마쿠라 일본
선 사상과 조우하다

한국전쟁을 피해 일본으로 건너간 백남준의 가족은 고베에서 6개월가량 지낸 뒤 가마쿠라에 거처를 마련했다. 선 사상에 심취했던 백남준은 가마쿠라에서 자동차로 30분 정도 걸리는 고토쿠인을 찾아 마음의 위안을 얻곤 했다. 훗날 그는 이때의 경험에서 모티브를 얻어 〈TV 부처〉를 선보였다.

❹ 다름슈타트 독일
인생의 전환점이 된 곳

백남준은 1956년에 독일로 유학을 떠나 전위적이고 실험적인 음악을 공부하다가 1957년과 1958년 두 차례에 걸쳐 다름슈타트 국제 신음악 여름 강좌에 참여한다. 이곳에서 그는 평생의 스승인 케이지와 독일 내 전위음악을 이끌던 슈토크하우젠, 훗날 플럭서스 예술가로 활동하는 바우어마이스터를 만난다.

❺ 뒤셀도르프 독일
파격적인 퍼포먼스를 선보인 곳

독일 라인강 동쪽 연안에 있는 항구도시로, 백남준은 이곳에서 파격적인 퍼포먼스를 무대에 올렸다. 1959년에는 갤러리22에서 최초의 행위 예술인 〈존 케이지에 대한 경의〉를, 1962년에는 카머슈필레 공연장에서 〈바이올린 솔로를 위한 하나〉를 공연했다.

❻ 부퍼탈 독일
비디오아트의 탄생지

1963년 백남준은 부퍼탈의 파르나스갤러리에서 첫 전시회를 가졌다. 그는 전시회장 입구에 죽은 황소 머리를 매달아놓는 등 파격적인 액션과 함께 텔레비전 열두 대를 활용한 설치 작품을 선보였다. 당시에는 관람객들과 언론의 관심을 받지 못했지만 비디오아트의 탄생을 알린 전시로 평가받는다.

❼ 소호 미국
가난한 예술가의 삶을 살아가다

1964년 백남준은 〈오리기날레〉 공연을 위해 난생처음 미국에 갔다. 무명의 가난한 예술가에 불과했던 그는 당시 맨해튼에서 가장 황량한 소호에 거처를 마련했다. 곤궁한 생활 속에서도 그는 예술에 대한 열정을 불태워나가며 인공위성과 레이저 등을 사용한 작품을 선보여 미국 예술계에 큰 반향을 불러일으켰다.

❽ 스미스소니언박물관 미국
〈전자 초고속도로〉를 만날 수 있는 곳

워싱턴 D. C.에 위치해 있으며, 세계적인 박물관으로 손꼽히는 곳이다. 이곳에 백남준과 관련된 모든 자료들이 소장되어 있어 백남준 애호가들의 발길이 끊이지 않는다. 그의 대표작 중 하나인 〈전자 초고속도로〉가 상설 전시되어 있다. 이 작품은 미국 본토와 알래스카, 하와이를 형상화한 것이다.

이 책은 방일영문화재단의 지원을 받아 저술·출판되었습니다.

일러두기

— 미술, 음악, 영화 등의 작품명은 홑화살괄호(〈 〉), 신문, 잡지는 겹화살괄호 (《 》), 시, 단편소
   설, 희곡, 연극은 홑낫표 (「 」), 단행본, 장편소설은 겹낫표 (『 』)로 표기했다.
— 외래어 표기는 국립국어원의 외래어표기법을 따랐으나, 통용되는 일부 표기는 허용했다.

백남준

×

남정호

동서양을 호령한 예술의 칭기즈칸

arte

CONTENTS

21세기는 1984년 1월 1일부터 시작된다

SNS로 지구 반대편에 있는 사람과 실시간으로 소통할 수 있는 지금과 달리 불과 30년 전만 하더라도 이 같은 모습은 SF소설에나 나올 법한 이야기였다. 그러던 1984년 새해 첫날, 전 세계인은 지구촌 시대의 서막이 올랐음을 실감하게 된다. 백남준은 "대륙 간 하늘이 막혔다는 말은 더 이상 유효하지 않다. 철의 장막에 갇힌 수백만 명의 사람들에게 희망을 주고 싶다"라며 대서양으로 가로막혀 있는 유럽과 아메리카를 연결하는 야심 찬 대규모 프로젝트를 선보였다. 그 프로젝트의 이름은 '굿모닝 미스터 오웰'이었다.

이 작품명은 『1984』에서 온 세상이 빅브라더의 통제 아래 놓일 것이라며 암울한 미래를 그린 영국의 소설가 조지 오웰을 인유한 것이다. 백남준이 오웰의 소설을 모티브로 삼은 데에는 또 다른 이유가 있었다. 미국에서는 오웰의 작품이 고전의 반열에 오르며 높은 판매고를 기록했지만, 유럽에서는 그의 작품조차 모르는 사람이 많았다. 이런 사실에 큰 충격을 받은 그는 서구라고 할지라도 문화적인 공유가 전혀 이루어지지 않는 데서 착안해 그러한 문화적 격차가 조금이라도 해소되기를 바라는 마음에서 이러한 이름을 붙였다.

백남준은 뉴욕의 WNET 방송국 스튜디오와 파리의 퐁피두센터를 동시에 연결해 11개국에 〈굿모닝 미스터 오웰〉을 생중계로 송출하는 프로젝트를 구상했다. 그리고 이 프로젝트를 위해 인공위성을 이용했다. 인터넷을 본격적으로 사용하기 전까지는 인공위성이 실시간 소통을 가능케 하는 유일한 수단이었기 때문이다. 당시 방송국 관계자 누구도 시도한 적 없는 프로젝트였기에 긴장감 속에서 방송이 시작되었다. 가장 먼저 유명 언론인 조지 플림튼이 뉴욕의 스튜디오에 나와 이 쇼의 기획 의도와 함께 이어질 프로그램들을 소개했다. 그의 말이 끝나기가 무섭게 스크린이 분할되더니 파리의 퐁피두센터에 있는 방송인 자크 빌레르의 모습이 나타났다. 두 사람은 술잔을 부딪치는 몸짓을 하며 인사를 건넸고, 화면이 바뀌면서 존 케이지와 요제프 보이스, 이브 몽탕 등 예술가 100여 명이 등장해 노래를 부르거나 악기를 연주하는 등 고급문화와 대중문화를 번갈아 선보였다. 당대 최고의 예술가들이 한자리에 모인 것만으로도 충분히 의미 있고도 기념할 만한 공연이었다.

수많은 이미지가 숨 가쁘게 바뀌거나 화면 중간중간에 "굿모닝 미스터 오웰 ― 당신은 절반만 맞았다"라는 자막이 흘러나왔다. 이는 전 세계인들에게 보내는 백남준의 메시지였다. 때로는 자막이 아주 느린 속도로 지나갔다. 순조로울 것 같던 방송은 화면이 자주 끊기는 바람에 탄식으로 뒤덮이기도 했다. 이 때문에 사람들은 방송 사고가 일어났다고 생각해 옥상에 올라가 안테나를 흔들었다는 일화도 전해진다.

백남준은 위험 부담이 큰 이 프로젝트를 왜 생방송으로 진행했을까? 훗날 그는 "에베레스트산이나 알프스 빙벽에 도전하는 이유가 위험한 것에 대한 인간의 본능적 열정 때문이 아닌가. 프로메테우스와 콜럼버스 이래로 이런 열정이 역사를 이끄는 원동력이었다"라고 한 인터뷰에서 그 까닭을 밝히기도 했다.

여하튼 〈굿모닝 미스터 오웰〉은 한국에도 방송되었는데, 컬러 텔레비전이 대중적으로 보급되면서 영상 매체에 대한 사람들의 인식이 급속도로 달라지던 때였다. 1920년대 텔레비전이 처음 세상에 등장한 이후 과학기술의 발달로 대량생산이 가능해지고 가격이 저렴해지면서 텔레비전은 빠른 속도로 대중들 사이로 파고들었다. 라디오에서 흘러나오는 소리를 들으며 머릿속으로 상상하던 장면들이 눈앞에 생생하게 펼쳐진 것이다.

〈굿모닝 미스터 오웰〉의 점멸하는 수백 개의 텔레비전 화면과 다채로운 이미지들의 향연 때문일까. 많은 사람이 백남준의 예술을 브라운관들이 켜켜이 쌓인 '비디오 조각'으로만 한정하여 생각한다. 하지만 그의 작품은 우리에게 남겨진 통찰의 유산이다. 백남준은 1960~1970년대에 첨단 기술이 바꿀 미래 사회를 내다보았고, 이를 예술적 언어로 그려냈다. 그가 말한 첨단화된 미래 사회의 모습이 바로 지금 우리가 살아가는 시대다.

그의 작품 세계는 예술 차원에만 머무르지 않는다. 백남준은 미래학자처럼 텔레비전과 같은 매스미디어가 소통의 확장을 가져와 인류의 평화와 번영에 기여할 수 있을 것이라며 앞선 시대를 예견하는 혜안을 가지고 있었다. 첨단 정보 통신망이 전 세계를 거미줄처럼 연결하는 세상이 올 것이라 보고 이를 모티브로 삼아 작품을 제작하기도 했다. 〈전자 초고속도로〉가 바로 그것이다. 인터넷이라는 용어가 만들어지기도 전에 이미 '정보 슈퍼하이웨이'라는 신조어를 사용하여 최첨단 정보화사회가 도래할 것이라고 전망했다.

백남준의 진가는 생각지 못한 곳에서도 목도된다. 파격적인 의상과 과감한 율동 그리고 뛰어난 가창력으로 전 세계를 사로잡은 미국의 팝스타 레이디 가가의 〈포커페이스〉 뮤직비디오를 보고 놀란 적이 있다. 그녀가 두 개의 초소형 비디오 수상기로 만든 안경을 쓰고 노래하는데, 그 안경에서 쉴 새 없이 커다란 글자와 화려한 영상이 쏟아져 나오는 것이 아닌가. 놀랍게도 사람들이 최첨단 안경이라고 치켜세우던 그 소품을 그보다 앞선 1980년대에 백남준은 이미 만들어 썼다.

내가 백남준에게 특별한 관심을 가지게 된 것은 우연한 만남 때문이었다. 아니, 어쩌면 우연을 가장한 필연이자 운명이었을지 모른다. 2006년 뉴욕에서 일하던 당시 그의 부고를 듣고 취재를 위해 장례식장을 찾은 것이 인연의 시작이었다. 비록 관 속에 누워 있는 모습이었지만, 그의 얼굴을 직접 본 것은 그때가 처음이었다. 그의 장례식장에서 일본인 부인 구보타 시게코와 처음 인사를 나누었는데, 거듭된 만남을 통해 그녀와 가까워졌다. 그녀는 나에게 백남준의 내밀하면서도 인간적인 모습을 들려주곤 했다. 처절한 투병 생활 중에도 불굴의 의지로 레이저를 이용한 새로운 작품을 만들어내며 인간의 한계에 도전한 이야기에는 탄복하여 입을 다물지 못했다. 다른 사람들은 알지 못하는 이야기가 하나둘씩 쌓일수록 혼자 듣고 끝내기에는 너무도 안타까워,『나의 사랑 백남준』이라는 책에 그동안 베일에 가려졌던 그의 이야기를 담아냈다. 그리고 그때 미처 하지 못한 백남준의 이야기를 그의 발자취를 따라 추억하며 마저 하려고 한다. 지금에 와서 생각해보니 그와의 개인적인 만남이 없었던 것이 어쩌면 다행인지도 모르겠다. 사사로운 인간적 감정에 휩싸여 그를 냉철하게 보지 못할 위험이 사라졌으니 말이다.

　예술 작품에는 예외 없이 작가의 철학적 사고와 인생관 그리고 체험 등이 고스란히 녹아 있는 법이다. 따라서 작가에 대한 이해가 없으면 작품에 담긴 참된 의미를 알아채기 어렵다. 그래서 작품을 감상하는 데 그 작가가 어떤 삶의 궤적을 그렸는지를 파악하는 것이 무엇보다 중요하다. 그런 면에서 나는 한국, 일본, 독일, 미국에 걸친 백남준의 흔적을 쫓아다니며 각 나라에서 그가 겪은 경험이 그의 작품에 어떤 영향을 주었는지 파악하는 데 주안을 두었다. 현장에 직접 가서 백남준이 어디서, 무엇을, 어떻게 느꼈는지를 확인하는 과정은 그의 삶 속에 한 발짝씩 들어가는 것과 다를 바 없는 작업이었다.

　백남준의 사고는 몽골의 칭기즈칸처럼 한국을 시작으로 일본과 독일을 거쳐 미국까지 종횡무진 날아다녔다. 몸은 한곳에 매여 있을지언정 그의 사고는 국경 너머 전 세계로 거침없이 뻗어나갔다.

이런 현상을 두고 백남준은 '정주 유목민stationary nomad'이라고 불렀다. 스스로를 유목민의 후예라고 자처한 그는 길 위에서의 삶을 사랑했다. 여러 나라에서의 생활은 그에게 다양한 경험을 선사했고, 이는 세상에 대한 통찰로 이어졌다.

누구보다 매력적이고 심오한 인물이었던 백남준을 쫓아다닌 이번 여행은 조금도 지루하지 않았다. 이미 거기에 소복하게 쌓여 있던 사실이었지만, 뒤늦게 알아차리고도 마치 새로운 진실을 발견한 것처럼 흥분했다. 비록 그는 세상을 떠났어도 그가 남겨놓은 작품들은 여전히 우리에게 흥미진진한 이야기를 들려준다. 늘 그렇듯, 그가 말하는 메시지 중에는 쉽게 이해할 수 있는 것도 있지만, 도통 무슨 말인지 알아들을 수 없는 내용도 있다. 나는 한가로울 때가 없는 직업의 특성 때문에 장장 수년에 걸쳐 그의 족적을 훑어야 했다. 기나긴 여정을 통해 내가 얻은 최대의 수확은 백남준이라는 인물을 보다 정확히 이해하게 되었다는 것이다. 그럼으로써 그의 작품에 담긴 진심도 더 확실하게 느낄 수 있다고 자부한다.

이번 여정은 백남준의 일생을 따라가는 것인 만큼 시간의 궤적을 따랐다. 그래서 나의 발길 역시 자연스럽게 그가 태어나 청소년기를 지낸 한국, 선 사상에 심취하고 쇤베르크를 천착하며 대학 시절을 보낸 일본, 플럭서스 사상과 만나고 비디오아트를 탄생시키며 장년기를 보낸 독일, 그의 예술이 꽃피우며 생의 마지막을 보낸 미국 순으로 이어질 수밖에 없었다. 각 나라의 문화와 환경이 제각각인 데다가 그곳에서 처한 백남준의 처지 역시 완전히 달랐던 만큼,

네 나라가 그에게 끼친 영향도 판이했다.

　백남준은 부유했던 한국에서의 생활 덕분에 유년시절부터 예술에 대한 소양을 넓혀나갈 수 있었으며, 풍요로움이 주는 인간적 넉넉함도 배울 수 있었다. 일본, 특히 가마쿠라는 선이라는 동양 사상을 일깨워주었을 것이다. 독일에서의 삶은 다방면으로 큰 영향을 미쳤다. 무엇보다 국제 신음악 여름 강좌가 열렸던 다름슈타트에서 백남준은 평생에 걸쳐 예술적 영감을 준 케이지를 만났다. 그리고 쾰른을 중심으로 꽃피웠던 플럭서스 예술가들과 조우한 것도 이곳이었다. 제2차 세계대전 이후 파리를 대신해 현대미술의 메카로 떠오른 미국 뉴욕은 백남준의 활동 무대였다. 이 도시의 한복판 소호에서 그는 거장으로 우뚝 서게 된다.

　긴 여정을 마무리한 지금 어느 나라와 도시가 백남준의 예술을 대표하느냐고 묻는다면 그가 거쳐갔던 곳 모두라고 답할 수밖에 없다. 그만큼 어느 곳 하나라도 빼놓고는 백남준을 진정으로 이해할 수 없다. 공교롭게도 이들 네 나라는 동서양이 반반씩이다. 그래서인지 백남준의 예술 세계는 동서양의 문화를 이해하지 않은 채 접근하면 결코 알 수 없다. 이 책이 백남준의 심오하면서도 세계적인 삶을 이해하는 데 조금이나마 보탬이 되기를 기원한다.

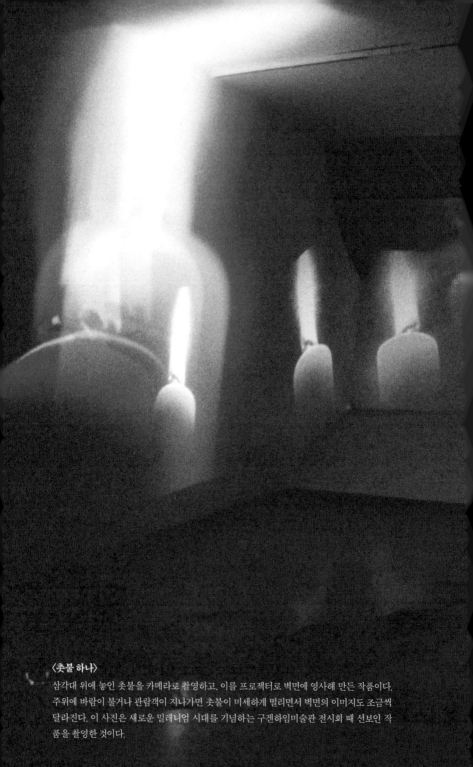

〈촛불 하나〉
삼각대 위에 놓인 촛불을 카메라로 촬영하고, 이를 프로젝터로 벽면에 영사해 만든 작품이다. 주위에 바람이 불거나 관람객이 지나가면 촛불이 미세하게 떨리면서 벽면의 이미지도 조금씩 달라진다. 이 사진은 새로운 밀레니엄 시대를 기념하는 구겐하임미술관 전시회 때 선보인 작품을 촬영한 것이다.

01

나의 환희는
거칠 것 없어라

브라운관이 캔버스를 대체하다

콜라주가 유화를 대체했듯이 브라운관이 캔버스를 대체하게 될 것이다. 오늘날 예술가들이 붓이나 바이올린 또는 폐품을 가지고 작업을 하듯이 앞으로는 축전기, 저항기, 반도체를 가지고 작품을 만들게 될 것이다.

— 카페 오 고 고에서 비디오테이프 상영 당시 나누어준 팸플릿에 수록, 1965

1965년, 백남준은 퍼포먼스 공연을 자주 선보였던 뉴욕의 카페 오 고 고Café Au Go Go에서 자신의 첫 번째 비디오 녹화 테이프를 상영했다. 그가 세상에 내놓은 비디오아트는 미술에 대한 기존 관념을 송두리째 뒤흔들어놓았다. 1914년 마르셀 뒤샹은 미술 개념에 의문을 제기하며 반예술을 제안했다. 그리고 2년 뒤인 1916년에 남성용 소변기를 뒤집어놓고는 '샘'이라 이름 붙여 기존의 미술 개념을 완전히 전복하고 레디메이드라는 새로운 예술 장르를 만들어냈다. 그에 의해 완전히 다른 것이 되어버린 미술을 백남준이 비디오아트를 통해 다시 한번 새로운 형태로 재탄생시켰다. "비디오아트의 앞날을 밝게 보느냐"라는 질문에 그는 이렇게 대답했다. "확신해요. 뒤샹은 비디오만 제외하고 모든 것을 다 했죠. 그는 들어오는 문은 크게, 나가는 문은 작게 만들었어요. 그 문이 바로 비디오죠. 바로 그 문을 통해 뒤샹에서 나올 수 있는 거예요."

그렇다면 비디오아트란 대체 무엇인가? 다양한 의미가 있지만, 일반적으로 비디오를 표현 수단으로 하는 영상 예술을 의미한다. 작가 자신이 전달하고자 하는 메시지나 생각을 비디오테이프에 담아 그것을 영상으로 발표하는 것이다. 비디오아트는 1960년대에 처음 등장했는데, 당시 휴대용 비디오카메라의 보급으로 많은 예술가가 이를 사용해 다양한 작품을 만들어냈다. 비디오아트는 크게 두 가지 형식으로 나뉜다. 하나는 비디오 영상이다. 창작자가 자신이 원하는 주제를 비디오카메라로 촬영하여 편집한 다음에 다큐멘터리나 실험적인 영상을 만들어 텔레비전 모니터나 스크린으로 상영하는 것이다. 또 다른 하나는 비디오 조각으로, 비디오카메라나 텔레비전을 조형 재료로 사용한 작품을 말한다. 그 자체로도 작품성을 가지고 있지만, 모니터에 담은 비디오 영상 역시 예술성을 가진다. 즉 비디오아트의 의미는 예술가의 의도에 따라 달라질 수 있다. 하지만 누구도 의문을 제기하지 않는 분명한 사실이 있다. 바로 비디오아트의 창시자가 백남준이라는 점이다. 한 비평가가 "회화를 누가 시작했는지는 알 수 없다. 그러나 비디오아트의 창시자는 분명하다. 바로 백남준이다"라고 이야기한 것처럼 많은 사람이 비

카페 오 고 고

1964년에 문을 열어 1969년까지 운영했다. 1965년 백남준은 미국을 방문한 교황 바오로 6세
의 모습을 우연히 목격하고 이를 포타팩(세계 최초의 휴대용 비디오카메라)으로 촬영해 이곳에
서 상영했다.

디오아트 하면 자연스럽게 백남준을 떠올린다.

백남준이 창조한 비디오아트는 여러 면에서 가히 혁명적이었다. 작품의 소재가 종이나 캔버스가 아닌 브라운관이나 전기회로라는 점에서 우리가 아는 일반적인 회화에 대한 개념을 전복한다. 화면에 나타나는 이미지가 고정된 것이 아니라 계속 변화한다는 사실도 특기할 만하다. 게다가 비디오아트는 디지털 시대로 접어들면서 무한 복제와 광속도로 전송하는 것이 가능해졌다. 작품의 물리적 한계가 완전히 사라진 것이나 다름없다. 전자기술을 활용해 화면에 나타나는 영상의 형태와 색깔도 얼마든지 바꿀 수 있는 것이다. "(브라운관만 있으면) 레오나르도 다빈치처럼 정확하게, 피카소처럼 자유롭게, 르누아르처럼 다채롭게, 몬드리안처럼 심오하게, 잭슨 폴록처럼 격정적으로, 제스퍼 존스처럼 서정적으로 표현할 수 있다"라고 했던 백남준의 말은 결코 과장이 아니었던 셈이다.

비디오아트라는 새로운 장르의 지평은 끝이 안 보일 정도로 광활하다. 예술의 경계를 허무는 데 결정타를 날린 비디오아트는 전 세계로 퍼져나갔고, 미국의 스미스소니언박물관, 영국의 테이트모던 미술관 등 국제적으로 명성이 자자한 갤러리들은 백남준의 작품을 소장하고 있을 뿐만 아니라, 한번쯤 백남준 특별전을 열기도 했다. 물론 백남준의 고향인 한국에서도 그의 작품을 만날 수 있다. 가장 대표적인 곳이 국립현대미술관 과천관이다. 이곳에 가면 〈다다익선〉을 볼 수 있다. 이 작품은 1,003개의 텔레비전을 쌓아 만든 거대한 탑이다. 높이 18미터의 5층짜리 탑 모양의 〈다다익선〉은 1988년에 서울올림픽 개최를 기념하기 위해 만들어졌다. 1986년 미술관 측은 백남준에게 건물 중앙홀에 어울리는 비디오 설치 작품을 만들어달라고 부탁했다. 이야기를 들은 그는 널찍한 홀을 둘러본 후 바로 자신의 생각을 펼쳐 보였다. 러시아 구성주의의 대표 작가인 블라디미르 타틀린의 작품 〈제3인터내셔널 기념탑〉에서 착안한 것이었다. 제3인터내셔널이란 레닌이 전 세계 노동운동권 내 좌파 행동가들을 소집해 만든 조직이었다. 타틀린은 이 조직 결성을 기념하기 위한 조형물을 만들라는 레닌의 지시에 따라 거대한 탑을 구상했다. 다시 말해 〈제3인터내셔널 기념탑〉은 일종의 공산혁명 기념탑이었던 셈이다. 지금은 이데올로기로 인한 사회적 제약이 거의 다 사라졌지만 1980년대만 하더라도 반공이 국시로 여겨지던 때였다. 그러니 관계자들은 백남준이 국립미술관 한복판에 공산주의 기념탑을 세우겠다는 아이디어를 도저히 받아들일 수 없었다. 결국 난색을 표하는 관계자들의 이야기를 들은 백남준은 바로 그 자리에서 아이디어를 수정했다. 그리고 작품 공개가 1988년 10월 3일, 즉 개천절에 맞춰 이루어진다는 이야기를 듣고 작품으로 사용할 텔레비전의 수를 1,003개로 정하고, '다다익선'이라는 이름을 붙였다. 제목은 고사에서 가져온 것이지만 '많으면 많을수록 더욱더 좋다'라는 뜻이 아니라 수신의 절대 수, 즉 매스커뮤니케이션의 구성 원리를 은유적으로 표현한 것이라고 한다. 백남준이 〈다다익선〉을 제작하는 데에만 무려 2년이 걸렸다. 당시 그는 세계적인 예술가로서 명성이 높아 전 세계를 누비고 있었기 때문에 이 작품만을 위해 국내에 머무를 수 있는 상황이 아니었다. 한번은 그가 미국에서 국제전화로 제작 과정을 일일이 지시하는 바람에 통화료만 당시 화폐 가치로 수백만 원이 나왔다고 한다.

　나는 수년 전에 국립현대미술관을 찾아 〈다다익선〉을 본 적이 있다. 백남준의 작품 중 단연 최대이자 최고라고 일컫는 이 작품을 처음 보는 순간 그 크기에 압도되어 작품의 아름다움을 느낄 겨를이 없었다. 놀란 마음을 진정하고 나서야 이 작품의 조형 언어가 눈에 들어왔다. 원형탑 모양으로 만들어진 터라 1,003개의 브라운관에서 밝은 빛의 영상이 360도로 뿜어져 나오는 모습은 진풍경이었다. 그런데 2018년부터 〈다다익선〉의 가동이 중단되었다. 1,003개를 빛내던 황홀했던 빛이 사라져 시커먼 탑으로 변해버렸다. 이렇게 된 데에는 기본적으로 세월 탓이 크다. 1988년부터 30년의 세월 동안 작동하던 브라운관의 수명이 다해 계속 고장 났기 때문이다. 브라운관은 소모성 매체로서 10년에서 15년이면 그 수명을 다한다. 그러니 미디어예술은 그 끝이 정해진 숙명적인 예술과 다름없다고 할 수 있다. 백남준이 이 작품을 만들 때만 하더라도 브라운관이 대세였지만 지금은 LCD와 LED가 주종을 이루면서 브라운관의 부품을 구하는 일이 극히 어려워졌다. 그래서 일부 전문가들은 브라운관을 LCD로 바꾸자고 주장한다. 하지만 브라운관과 달리 LCD는 그 폭이 무척 얇기 때문에 그렇게 되면 본래 작품의 의미가 퇴색될 뿐만 아니라 작품이 주는 느낌도 완전히 달라져 새로운 작품이 될 것이라는 반론도 만만치 않다. 〈다다익선〉은 팽팽한 의견 대립 속에 한동안 불이 꺼진 채로 방치되었다가 미술관 측에서 원형을 최대한 살려 복원하는 쪽으로 결론을 내리면서, 이를 둘러싼 논쟁은 끝이 났다.

1988년 서울올림픽을 기념해 만든 〈다다익선〉

백남준은 타틀린의 〈제3인터내셔널 기념비〉와 같은 작품을 국립현대미술관 중앙홀에 설치하려고 했다. 하지만 작품을 만드는 과정에서 수정이 불가피해지자 나선형 대신에 모니터가 동심원의 형태로 퍼져나가는 지금과 같은 모습으로 작업에 착수했다. 모니터에서는 한국의 경복궁, 프랑스의 개선문, 그리스의 파르테논신전 등 각국을 상징하는 건축물의 모습을 담은 영상이 흘러나온다. 시시각각 달라지는 화면을 보고 있노라면 마치 작품이 살아 있는 듯한 느낌이 든다. 〈다다익선〉은 국립현대미술관에 들어서면 가장 먼저 볼 수 있으며, 중앙에 위치해 나선형의 계단을 따라 어느 각도에서도 감상할 수 있다.

종로의 아이

한 인간의 흔적이 사라져버린다는 것은 참으로 쓸쓸한 일이다. 어렵게 찾아간 곳이 형체도 알아볼 수 없을 정도로 어느 틈에 증발한 모습을 마주하면 더없이 소중한 노스탤지어에 큰 생채기가 난 기분이 든다. 백남준의 유년시절 흔적을 찾아 서울을 돌아다닌 후의 쓸쓸함은 이 때문이었으리라. 그의 생가와 그가 다섯 살 때부터 열여덟 살에 홍콩으로 유학 가기 전까지 살았던 창신동 대저택 그리고 그가 다녔던 수송국민학교와 경기보통학교(지금의 경기중고교), 어느 것 하나 온전히 남아 있지 않았다. 그 자리에 새로운 무언가가 들어섰을 것이라고 예상했지만 한 시대를 풍미했던 예술가의 흔적이 이토록 철저히 지워져 있을 줄은 몰랐다. 그나마 이번 여행을 통해 얻은 소득이라면 백남준의 정신적 뿌리가 정확히 어디인지 확인할 수 있었다는 점이다. 백남준 삶의 발자취를 좇는 이 여정에서 나는 그를 '종로의 아이'라고 부르기로 마음먹었다. 그가 나고 자라서 교육을 받은 곳이 종로이고, 이곳을 크게 벗어나지 않았기 때문이다. 비록 백남준에게 직접 물어볼 수는 없지만 종로의 얼이 그의 영혼 어디인가에 단단히 뿌리내렸으리라.

무엇이 펼쳐질지 모르는 미지의 순례에 앞서 백남준의 삶과 얽힌 여러 곳을 어떻게 따라갈지를 정하는 것도 쉽지 않은 일이었다. 자칫 동선을 잘못 잡으면 쓸데없이 여행이 고달파지거나 이곳부터 갈 것을 하고 후회할 수도 있기 때문이다. 그럼에도 첫 번째 여행지로 포기할 수 없는 곳이 바로 그의 생가였다.

기록에 따르면 백남준이 태어난 곳은 서울시 종로구 서린동 45번지다. 조선시대 때 상업의 최고 요지 중 하나였던 서린동은 한성부 중부 8방 가운데 서린방의 명칭이 바뀌어 생긴 동네다. 한성부에 있던 쉰두 개의 방 중에서 지금까지 이름을 유지하고 있는 곳은 겨우 네다섯 개에 불과하다. 백남준이 일본으로 떠날 때까지만 하더라도 강북, 그중에서도 사대문 안만을 서울이라고 불렀다. 일제강점기에는 경성으로 불렸던 이곳에서 가장 번화한 거리가 지금의 종로였다. 세월이 흐르면 옛 모습은 사라지기 마련이다. 그럼에도 서울에서 과거의 색깔과 모습이 비교적 많이 남아 있는 곳 중 하나가 이곳일 것이다.

백남준의 생가에 가기 위해 인터넷으로 위치를 찾아보았지만 검색이 되지 않았다. 서린동 45-3번지라는 곳이 나왔지만 희한하게도 청계천가에 위치한 도로였다. 추측하건대 그가 태어난 곳이 몇몇 지번으로 나뉘고 합쳐졌을 공산이 컸다. 그의 생가가 지금은 어떻게 변했을지 직접 확인하고 싶어 찾아갔다.

하늘은 맑고 고약한 미세먼지도 없는, 어느 10월의 말간 오후였다. 계절에 맞지 않게 따사로운 햇볕이 발걸음을 가볍게 했다. 청계천로에 진입하니 파란 바탕에 붉은 띠를 두른, 거대한 다슬기 모양의 미술품인 〈스프링〉이 눈을 즐겁게 했다. 이 작품은 스웨덴 출신의 팝아티스트 클라스 올든버그와 코샤 밴 브룽겐 부부가 공동으로 만든 것이라고 한다. 눈요기하는 것으로 만족하고 청계천을 따라 5분쯤 걸었을까. 한때 서린호텔로 쓰였던 관정빌딩이 눈에 들어왔다. 이 건물 바로 앞에 있는 도로가 백남준이 태어났다는 서린동 53번지의 일부였다. 슬프게도 그가 이곳에서 태어났음을 알려주는 안내판 같은 것은 없었다.

불현듯 영국 중부의 스트랫퍼드이라는 작은 도시가 머릿속에 떠올랐다. 셰익스피어의 생가가 있는 곳으로 유명한 이 도시는 막상 가보면 보잘것없는 낡은 집을 영국 최고의 문호가 태어났다고 해서 전시관으로 개조해 연간 80여 만 명이 찾아오도록 만들어놓았다. 어디 그뿐인가? 오스트리아 잘츠부르크의 모차르트 생가, 러시아 모스크바 근교의 톨스토이 생가 등 걸출한 인물들이 태어났거나 살던 곳은 으레 기념관으로 꾸며졌다. 그렇게 못 한 경우에는 집 문 앞에 작은 청동 문패라도 붙여놓는 것이 보통이다.

과거의 영광을 보존하는 노력들이 쌓이다 보면 다른 곳과 차별화할 수 있는 명소로 자리매김할 수 있는 것은 아닐까. 지금의 우리 사회를 되돌아보면 때려 부수고 새로 짓는 데만 눈이 벌게져 옛 건물이나 거리를 보존할 생각조차 하지 않는 것 같다. 그곳에서 누가 태어나고, 어떤 사연이 깃들었는지 아랑곳하지 않고 그저 새 건물을 올리는 데에만 급급한 세태에 대한 반성이 필요하다. 위대한 인물의 자취 하나 제대로 찾을 수 없는, 역사와 스토리라고는 모조리

청계천

서울의 종로구와 중구를 가로지르는 하천이다. 1958년 청계천 복개 공사를 시작으로 1977년 전 구간이 복개되었다. 도로변에 공장들이 하나둘씩 들어서 1980년대 한국의 산업화를 이끌어나갔다. 그 주변에 가난한 노동자들이 모여들어 판자촌을 이루면서 빈민의 상징과도 같은 곳이었다. 2003년부터 고가도로 철거 공사가 시작되었으며 2005년 시민들에게 공개되었다. 현재 청계천로 대로변에 들어선 관정빌딩 자리에 백남준이 태어난 집이 있었다.

증발해버린, 삭막하기 짝이 없는 무미건조한 이 땅의 도시들을 보고 있으니 안타까움이 밀려온다.

1932년, 백남준은 지금은 높은 빌딩 숲을 이루고 있을 뿐인 서린동에서 백낙승과 조종희 사이의 3남 2녀 중 막내로 태어났다. 그는 자신의 탄생에 대해서 다음과 같이 회고했다.

> 1931년 9월, 나는 어머니와 아버지가 최고의 쾌락을 음미하는 동안 어머니의 자궁에 잉태되었다. 히틀러 암살 미수 사건이 발생한 1932년 7월 20일, 나는 대한민국 서울에서 어머니와 아버지의 아들로, 그리고 할머니와 할아버지의 손자로 태어났다. 음력으로 하면 6월 17일(스탈린에 대항하여 봉기한 날)이다. 한국 전통에 따라 집에서는 음력 6월 17일에 생일을 축하해주었다. 하지만 학교 서류와 여권에는 7월 20일이 내 공식적인 생일로 기록되었다. 나는 이날을 더 좋아했는데, 왜냐하면 독일 국민이 히틀러에게 더 강하게 저항했더라면 스탈린 때문에 흘린 피는 헛된 것이 될 뻔했기 때문이다. 그래서 지금처럼 6월 17일뿐 아니라 7월 20일도 국경일로 정해야 할 것이다.
>
> ─『백남준: 말에서 크리스토까지』, 361쪽 [1]

백남준의 아버지 백낙승은 한국 최초의 재벌이라고 불러도 손색이 없을 만큼 거부였다. 당시 국내에서 딱 두 대밖에 없다는 캐딜락 자동차 중 한 대가 그의 집안 소유였을 정도로 풍족했다. 백남준 집안의 부는 백낙승 당대에 이룬 것이 아니었다. 그의 집안은 중국으로부터 비단을 수입해 독점 판매했고, 백남준의 할아버지 백윤수는 종로 5가와 동대문 일대 포목상의 절반을 장악했다. 국상이 나면 두말할 것 없이 조정의 관리들이 입을 상복과 제복을 그의 집안에서 도맡아 만들었다. 나라와 시대를 불문하고 이윤이 많이 남는 상품의 독점 판매권은 예외 없이 부를 가져다준다. 당시 한성은행의 자본금이 100만 원이었고, 백윤수의 재산은 300만 원에 달했다는 사실이 이를 증명한다. 그의 집안이 얼마나 많은 부를 축적했는지를 짐작케 하는 대목이다.

이러한 집안 내력은 백남준의 성격에도 영향을 끼쳤다. 어린아이처럼 천진하고 해맑은 성격의 그가 금전적 문제에는 지독할 만큼 치밀하게 변하곤 했다. 그는 예술 세계도 궁극적으로는 자본에 의해 돌아간다는 사실을 정확히 꿰뚫고 있었다. 그런 모습은 미국 구겐하임미술관에서 이루어진 그의 회고전 때 발휘되었다. 미국의 유명 미술관의 경우 거장의 전시회를 열더라도 비용의 상당 부분을 작가가 부담해야 한다. 이 때문에 생존 작가라면 엄청난 자금을 동원할 수 있는 능력이 따라주어야 역사에 남을 전시회를 추진할 수 있다. 백남준은 이곳에서 전시회를 여는 데 필요한 자금을 마련하는 수완을 발휘했다. 그의 몸속에 사업가의 피가 흐르지 않고는 도저히 있을 수 없는 일이다. 그가 집안 사업에는 아무리 무관심했더라도 어려서부터 보고 배웠던 것들을 자연스럽게 체득했던 모양이다.

나는 백남준이 부잣집의 막내아들로 태어나지 않았더라면 지금의 그는 존재할 수 없었을 것이라고 생각한다. 그는 경제적으로 여유로웠기 때문에 아무런 거리낌 없이 홍콩과 일본과 독일로 유학을 갈 수 있었고, 그곳에서 쌓은 다양한 경험을 바탕으로 세계적인 예술가로 성장할 수 있었다. 물론 예술가로서 자리매김하기까지 그의 노력이 뒷받침했겠지만 말이다.

유년의 기억에서 영감을 얻다

백남준은 서린동에서 태어났지만 그의 유년의 추억이 깃든 곳은 창신동이다. 이곳에 가면 골목골목마다 자리한 옛 모습 그대로의 작은 가게들 덕분에 타임머신을 타고 수십 년 전으로 돌아간 느낌을 받는다. 좁은 골목길마다 구경거리가 많아 이곳을 찾는다면 자동차를 두고 가는 것이 좋다. 동네도 자그마해 반나절이면 충분히 걸으면서 구경할 수 있다.

백남준의 고백에 따르면 창신동의 집은 대지 3,000평에 달하는 엄청난 대저택이었다. 이 집에서 조선시대 말 마지막 외무대신이 살았으며, 기와를 인 커다란 솟을대문이 종로 큰길로 나 있어 동네 사람들은 '큰 대문 집'이라고 불렀다.

백남준의 친구와 친척 들에 따르면, 큰 대문 집에는 공놀이도 하고 실컷 뛰어다닐 수 있을 정도로 큰 마당이 있었다고 한다. 유년의 기억은 무의식을 지배하고, 무의식은 작품으로 현신하는 법이다. 백남준이 뛰놀던 창신동 저택에 대한 기억은 창작의 영감이 되었다. 그의 걸작 중 하나로 꼽히는 〈TV 정원〉이 바로 대표적인 예다.

백남준을 기억하는 집, 백남준기념관

백남준은 다섯 살 때부터 1949년에 홍콩으로 유학을 가기 전까지 창신동에서 살았다. 그가
청소년기를 보낸 창신동 큰 대문 집은 한국전쟁 때 폭격으로 파괴되었고, 그 터에는 백남준을
기억하는 집이라는 이름의 기념관이 들어서 있다. 2015년 서울시가 도시재생사업을 추진하
는 과정에서 지역 주민들의 의견을 수렴해 집터에 남아 있는 한옥을 매입하여 새롭게 전시 공
간으로 조성해놓은 것이 백남준기념관이다.

이 작품이 첫선을 보인 것은 1974년 뉴욕 보니노갤러리의 개인전에서였다. 당시에는 스무 대의 텔레비전 화면이 하늘을 향한 채 바닥에 놓여 있었다. 이후 백남준은 식물들을 추가하고, 전시가 이루어지는 장소에 따라 다양하게 변주했다. 백남준아트센터의 〈TV 정원〉은 정원을 둘러볼 수 있는 작은 회랑으로 에워싸여 있고, 위에서 숲 전체를 조망할 수 있도록 전시해놓았다. 즉 작품의 근경과 원경을 한 번에 볼 수 있는 것이다. 백남준은 실내에 식물들을 배치해 정원을 만든 뒤, 그 사이사이에 텔레비전을 배치했다. 자연과 텔레비전이 마치 처음부터 하나였던 것처럼 구성함으로써 자연과 인간의 기술은 서로 영향을 주고받을 수밖에 없는 존재임을 드러내고자 했다.

텔레비전 화면에서는 그의 비디오 영상인 〈글로벌 그루브〉가 흘러나온다. 〈글로벌 그루브〉는 다양한 문화권의 춤과 음악을 연달아 이어붙인 작품으로, 각기 다른 나라의 사람들이 언어와 문화의 장벽을 뛰어넘어 함께 음악과 춤을 즐기며 하나가 되어가는 과정을 보여준다. 백남준은 전 세계 사람들이 문화의 차이를 받아들이고 다양성 있는 사회로 나아가기를 바라는 마음을 담아 한국의 부채춤, 아프리카 원주민의 춤, 서양의 탭댄스 등이 어우러지는 모습을 연출했다.

〈TV 정원〉은 1977년 독일의 카셀에서 열린 도큐멘타에 출품되면서 더욱 유명해졌다. 도큐멘타는 카셀에서 5년마다 개최되는 전시회의 이름으로, 전 세계에서 엄선된 100여 명의 작가들만이 참여할 수 있기 때문에 여느 전시회보다 권위 있는 미술 행사로 손꼽힌

자연과 기술의 경계를 허문 〈TV 정원〉

우거진 녹음 사이에 텔레비전들이 놓여 있다. 브라운관 화면에서 형형색색의 영상들이 흘러나와 마치 꽃이 만발한 것처럼 보인다. 하나가 될 수 없을 것 같은 자연과 기계가 본래 한 몸이었던 것처럼 느껴진다.

〈글로벌 그루브〉

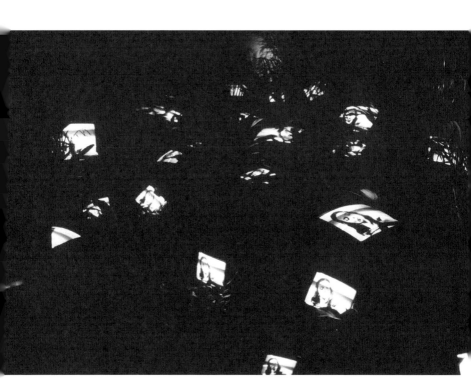

도큐멘타 개최 장소로 유명한 프리데리치아눔

이곳에서 세계적인 예술 전시회인 도큐멘타가 열린다. 나치에 의해 자행된 반인륜적 행위에 대한 반성에서 출발한 이 전시회는 퇴폐 미술로 낙인찍힌 현대미술의 복권을 목표로 한다. 상업성을 배제하고 회화, 사진, 조각, 설치, 퍼포먼스에 이르기까지 전위적이고 실험적인 예술을 선보이며 탈매체와 탈장르를 추구한다. 한국 예술가 중에서는 백남준이 최초로 이 전시회에 초청받았다.

다. 그러니 백남준이 도큐멘타에 작품을 내놓았다는 자체만으로도 그 당시에 이미 그가 세계적으로 인정을 받았다는 의미다. 이 전시회에서 선보인 〈TV 정원〉은 실내에 들여놓은 울창한 정원수와 수풀 사이에 서른여 대의 텔레비전을 설치해 웅장한 음악에 맞춰 브라운관에서 비디오 영상이 쏟아지도록 한 것이었다. 녹색의 자연 속에서 물결치는 빛과 음악의 향연에 관람객들은 놀라워했고, 전 세계 미디어도 "에콜로지와 테크놀로지의 만남"이라며 격찬을 아끼지 않았다.

이 전시회의 성공으로 백남준은 파리, 암스테르담, 로마 등 유럽 주요 도시의 미술관에 초대받아 전시를 열기 시작했다. 1978년에 파리 시립현대미술관에서 〈TV 정원〉을 선보였고, 이 전시회 역시 큰 성공을 거두어 4년 뒤 퐁피두센터라고도 불리는 프랑스 국립현대미술관에서 그의 개인전이 열렸다. 당시 퐁피두센터에서는 백남준에게 대형 작품을 준비해달라고 요청했다. 이에 그는 1층에 380여 대의 텔레비전을 사각형 형태로 설치한 뒤 빨간색, 하얀색, 파란색 세 가지 색깔의 영상을 3분의 1씩 띠 모양으로 상영하게끔 했다. 모든 영상은 시간에 따라 다채롭게 변하다가 순간적으로 프랑스 국기의 형상이 나타났다. 이 작품의 제목은 '삼색 비디오'였다. 국가와 문화에 대한 자부심이 유달리 강한 프랑스 사람들을 매혹하기에 충분했다. 이 전시회를 계기로 파리의 예술 애호가들 사이에서 백남준의 이름이 널리 알려졌다.

백남준의 작품에 녹아 있는 어릴 적 추억은 또 하나 있다. 그의 작품과 글을 보면, 무당과 굿 같은 샤머니즘 요소가 그의 뇌리 깊숙한 곳에 자리 잡고 있음을 느낄 수 있다. 이 역시 창신동 시절 경험한 기억과 관련 있으리라. 실제로 백남준의 어머니는 무속 신앙에 심취해 매년 시월상달이 되면 굿판을 열었다. 이때의 경험이 얼마나 선명했는지 백남준은 훗날 자신의 집에 와서 굿을 하던 무당이 한쪽 눈이 먼 사람이었다는 사실까지 기억했다. 이 같은 어릴 적 기억은 그로 하여금 샤머니즘에 대한 비상한 관심과 존중을 낳게 한 모양이다. 한번은 샤머니즘을 일본의 선과 놓고 시게코와 논쟁을 벌인 일이 있었다. 그녀의 증언에 따르면 백남준은 다음과 같이 이야기했나. "일본의 선도 좋지만 한국의 샤머니즘에 비하면 무척이나 따분하다. 한국의 무당이 훨씬 창의적이다." 혹은 "한국의 무속은 신과 인간을 연결해주는, 한마디로 소통이다. 점과 점을 이으면 선이 되고, 선과 선을 이으면 면이 되고, 면은 오브제가 되고, 결국 오브제가 세상이 되는 게 아닌가? 신과 인간을 연결해주는 한국의 무속은 따지고 보면 세상의 시작인 셈이다"라고 했다고 한다.

때때로 그는 샤머니즘에 애착을 드러내는 발언을 하거나 스스럼없이 자신을 무당이라고 불렀으며 무당이 된 적도 있었다.

1990년 7월 20일, 백남준은 갤러리현대 뒷마당에서 친우 보이스를 추모하는 진혼굿 퍼포먼스를 열었다. 이 퍼포먼스의 제목은 '늑대 걸음으로'였는데, 이런 이름이 붙은 데에는 나름대로의 사정이 있었다. 백남준이 보이스와 늑대의 특별한 인연을 알고 있었기 때문이다. 보이스는 제2차 세계대전 때 독일 공군 폭격기 부조종사로 참전했는데, 그가 탄 비행기가 크림반도에서 격추당하고 말았다. 그때 부상을 입어 의식을 잃은 그를 유목민인 타타르족이 발견하여 살려냈다고 한다. 타타르족에 대한 감사함을 잊지 않은 보이스는 그들과 연관 있는 동물을 소재로 한 작품을 많이 선보였다. 이러한 사연을 알았던 백남준이었으니 진혼굿 이름에 늑대를 넣은 것이다.

흰 두루마기에 갓을 쓰고 나온 백남준은 요강과 놋그릇 등을 매달아놓고 엎어진 피아노에 삽으로 흙을 뿌리며 보이스의 이름을 불렀다. 독일 유학 당시 백남준이 때려 부수려 했던 피아노를 보이스가 갑자기 나타나 먼저 산산조각 냈던 과거를 상징적으로 보여주는 퍼포먼스였다. 이날 공연이 특별했던 것은 피아노뿐만이 아니었다. 굿판 한쪽에는 보이스의 사진과 함께 백남준이 지어준 보이스의 한국식 이름 '보이수普夷壽'를 커다랗게 쓴 병풍이 세워져 있었고, 다른 쪽에는 네 줄로 쌓은 열여섯 대의 텔레비전이 놓여 있었다. 동서양을 아우르는 예술가 백남준다운 아이디어였다. 이날 그의 잠재된 신기가 유감없이 발휘되었다. 그가 얼마나 신명 나게 놀았는지 그날 참석한 무속인 부부도 무당 백남준의 기에 눌렸다고 한다. 공교롭게도 진혼굿이 끝난 날 오후, 굿판이 열린 갤러리 마당에 서 있던 커다란 느티나무에 벼락이 떨어졌다. 이를 전해들은 백남준은 "보이스의 영혼이 다녀갔다"라며 즐거워했다.

똑똑하고 병약했던 부잣집 도련님

어릴 적 백남준은 건강한 아이가 아니었다. 부잣집 도련님이라도 병마를 피해갈 수는 없는 법이다. 심하게 폐렴을 앓았던 것도 그를 잔병치레가 많은 아이로 만들었다. 페니실린이 개발되기 전이었던 데다, 워낙 증세가 심해서 의사가 포기할 정도였는데 다행히 기적적으로 살아났다고 한다. 하지만 이때의 후유증 탓인지 백남준은 감기에 몹시 약했다. 게다가 감기를 앓다가 폐렴이나 기관지염으로 옮아가는 일이 잦았기 때문에 늘 조심해야 했다.

그는 몸이 약했기 때문에 승용차를 타고 등교를 했다. 당시 일반인으로서는 상상조차 할 수 없는 일이었다. 그는 이때의 경험을 훗날 작품으로 승화했다. 그의 작품 중 〈20세기를 위한 32대의 자동차: 조용한 모차르트의 레퀴엠 연주〉가 있는데, 여러 종류의 자동차 서른두 대를 늘어놓은 것이다. 경기도 용인에 위치한 삼성화재교통박물관에 전시되어 있다. 서른두 대를 설치한 것은 그의 출생 연도가 1932년이기 때문이라고 한다. 이 작품의 의미를 묻는 질문에 백남준은 "내 유년시절의 추억"이라며 "제2차 세계대전이 끝났을 무렵 집에 자동차가 일곱 대 있었는데, 차들이 수시로 고장 나 정비사가 집에 두 명이나 있었다"라고 덧붙였다.

병약했던 백남준은 밖에 나가 마음껏 뛰어놀 수 없었기에 어릴 적부터 책을 가까이했다. 주변 사람들에 따르면, 그는 일찍부터 일본의 유명 출판사인 고단샤의 그림책을 즐겨 읽었다고 한다. 그럼에도 책이 귀하던 시절이었으니 읽을거리는 늘 부족했을 것이다. 그러던 어느 날 백남준은 집 대청소를 하는 도중 엄청난 보물을 발견했다. 그는 당시 상황을 이렇게 적었다.

1941년에서 1942년 사이에는 전쟁으로 종이가 부족해지면서 일본

잡지도 점점 얇아졌다. 1941년 무렵에 글을 읽고 싶은 욕구가 날이 갈수록 커져만 갔다. 나는 읽을거리 부족 증세를 심하게 겪고 있었다. 어느 날 대청소를 하려고 어머니를 따라 다락방에 올라갔다가 먼지 더미 속에서 엄청난 보물을 발견했다. 1937년과 그 이전에 발간된 영화잡지가 산더미처럼 쌓여 있는 것이 아닌가. 희득 누이가 결혼하기 전에 읽던 것들이었다. (…) 나는 그 책들을 읽고 또 읽었다. 그것은 문화의 사막에서 발견한 오아시스였다.

백남준은 큰누이인 백희득 덕분에 어릴 적부터 많은 경험을 할 수 있었다. 이를테면 그녀가 피아노 레슨을 받을 때면 그 주위를 맴돌며 어깨너머로 피아노를 배웠다. 어쩌면 이때부터 음악에 대한 백남준의 재능은 싹트고 있었는지도 모르겠다. 하지만 그의 아버지는 아들이 피아노에 관심을 가지는 것 자체를 못마땅하게 생각했다. 당시에 음악이나 미술은 남자가 할 분야가 아닌 것으로 여겨졌다. 큰 사업을 했던 백남준의 집안 분위기를 떠올리면 아들은 경영이나 회계를 배우는 것이 당연하다고 생각했을 것이다.

한편 백남준은 명동성당 맞은편에 있던 애국유치원에 다녔는데, 극소수 특수 계층의 자녀들만이 다닐 수 있었다. 오늘날과 달리 1960~1970년대까지만 하더라도 유치원에 다니는 것은 부의 상징이었다. 당시 대부분의 아이들은 학교에서 처음으로 한글을 깨치고 덧셈과 뺄셈을 배웠다. 그러니 백남준이 대여섯 살 무렵이었던 1930년대에 유치원에 다녔다는 사실이 얼마나 특별했는지 알 수 있다. 유치원 졸업 후 그는 여느 아이들처럼 국민학교에 진학했다.

특별하다면 그가 입학한 학교가 당시 최고의 명문으로 꼽히던 수송국민학교였다는 점이다. 중학교 입학시험을 시행하던 시절에 경기보통학교 진학률이 높아 인기가 많았다. 광화문에 위치한 미국 대사관 뒤편의 좁은 지역이 수송동인데, 이곳에 학교가 있었다.

수송국민학교가 어떻게 변했는지를 살펴보기 위해 종로 1가 뒤편으로 향했다. 이곳은 마침 내가 다닌 중학교가 있던 지역이다. 세월이 많이 흘렀지만 중학생 시절 돌아다녔던 골목길의 구조는 크게 변하지 않았다. 하지만 거리를 가득 채운 상점들의 분위기는 완전히 딴판이었다. 당시에는 없던 거대한 고층 빌딩이 수송동에까지 밀고 들어와 있었다. 눈을 돌리니 이곳에서 가까운 곳에 교보빌딩과 D타워 등 독특한 외양을 자랑하는 건물들이 줄줄이 있었다. 학창 시절에 축구를 끝내고 친구들과 함께 줄기차게 드나들던 허름한 분식점은 흔적도 없이 사라졌다. 국밥집처럼 수수했던 음식점들은 거의 없어지고 대신에 호프집과 커피숍 등 요즈음 사람들의 취향에 맞는 상점들로 가득했다. 옛 수송국민학교 자리에 도착하니 이곳의 풍경이 완전히 달라졌음이 실감 났다. 어린 꼬마들이 공을 차고 놀던 운동장에는 종로구청 청사가 들어섰다.

아무리 명문 학교라고 하더라도 시대의 변화에는 속수무책이었던 모양이다. 서울 한복판의 학교, 특히 어린아이들이 다니는 초등학교는 시내 중심지의 주거지가 사라지는 현상, 소위 '도시 공동화 현상'을 견뎌내지 못한다. 시내 곳곳에 자리 잡았던 집들이 하나둘 철거되고 그 자리에 고층 빌딩이 들어서면서 삶의 터전도 빠르게 사라진다. 자연히 동네 주민들의 소비에 기대 운영되던 잡화점, 정육점, 세탁소 등 온갖 상점들도 살아남지 못하게 된다. 그럴수록 동네는 불편해지고, 따라서 도시 공동화 현상은 가속도가 붙기 마련이다. 이렇게 되면 가장 먼저 젊은 부부들이 떠난다. 이들에게는 충분한 기동력이 있기 때문이다. 반면 새로운 곳으로 가서 삶의 터전을 일구기를 꺼리는 노인들은 남는 경우가 상대적으로 많다. 이렇게 되면 공동화 현상이 일어나는 도심일수록 아이들은 줄어들고 노인들만 남게 된다. 수송국민학교도 이런 대도시의 운명에서 자유롭지 못했고, 결국 1977년 2월 문을 닫고 역사의 뒤안길로 사라졌다.

마르크스와 쇤베르크에 빠져들다

1945년 백남준은 경기보통학교에 입학한 이후 두고두고 인생에 커다란 영향을 미친 두 거장을 접했다. 바로 카를 마르크스와 아르놀트 쇤베르크였다. 당시 마르크스 사상은 전 세계적인 유행과도 같았다. 프랑스의 사회학자 레몽 아롱이 『지식인의 아편L'Opium des intellectuels』에서 마르크스 사상에 대한 지식인들의 무비판적인 수용과 그들의 행동을 아편 중독자라고 평할 정도로, 당시 지식인들은 마르크스 사상에 도취했다. 그래서였을까? 백남준은 친구들에게 "지식인들이 왜 그토록 오랫동안 마르크스를 지지했느냐"라고 물어본 적이 있었다. 하지만 아무도 만족할 만한 답을 하지 못했다고 한다.

1945년부터 마르크스주의를 본격적으로 공부하기 시작한 백남준은 중학교 시절 내내 마르크스에 심취했다. '젊을 때 좌파가 아니면 가슴이 없고, 나이 들어 우파가 아니면 머리가 없는 것'이라는 말이 있다. 그만큼 정의감이 가득한 젊은이들은 진보적 사상에 쉽게 빠져들기 마련이다. 백남준 역시 이 말과 다르지 않은 학창 시절을 보냈다. 그는 공산주의의 바이블인 『자본론』을 읽으며 마르크스 사상에 파고들었다. 또한 카프KAPF 작가들의 작품을 탐독했다. 훗날 그는 "마르크스에게서 유토피아의 건설 계획과 과학적 논리를 배웠다"라고 회상했다. 하지만 불행히도 마르크스에 대한 그의 숭배는 한국전쟁의 발발로 오래가지 못했다.

그러나 전쟁의 여파가 아니더라도 백남준의 일생을 통틀어 보면 마르크스보다 쇤베르크가 그에게는 더 특별한 존재였다고 하는 것이 옳을 것이다. 예술적인 출발부터 그의 성향까지 모든 것이 쇤베르크에 의해 좌우되었기 때문이다. 백남준 자신도 쇤베르크를 알게 된 것이 인생에서 "제1의 혁명"이라고 언급했을 정도였다. 그가 쇤베르크를 처음 접한 것은 1947년, 열네 살 때였다. 당시에 그는 학교에서 이건우에게 작곡을, 신재덕에게 피아노를 배우고 있었다. 일찌감치 백남준의 음악적 재능을 알아본 이건우는 열네 살에 불과했던 그에게 쇤베르크의 음악을 가르쳤다.

그때만 하더라도 쇤베르크는 한국에는 알려지지 않은 음악가로, '도레미파솔라시' 7음에다가 화음을 곁들이면 완성되는 전통적인 음악을 배격하고 12음 기법을 도입한 '현대음악의 아버지'와 같은 존재다. 특히 그는 아름다운 화음을 중시하는 전통음악과 달리 소음에 가까운 불협화음을 사용하여 청중들이 난동을 일으킨 적이 있을 정도로 난해한 곡을 작곡한 음악가로 유명했다. 그런 그의 음악을 중학교 시절에 백남준이 접했다니, 지금 생각해도 놀라운 일이다. 어쨌든 이때의 만남을 시작으로 그는 평생 동안 쇤베르크를 천착했다.

당시 한국에서 쇤베르크에 대한 책이나 연구 자료를 찾는 것은 불가능에 가까웠다. 제대로 된 그의 음반조차 없었다. 이 때문에 백남준은 '백조'라는 서울 시내 유명 음반 가게의 주인을 2년 넘게 설득하고 나서야 간신히 쇤베르크의 음반을 구할 수 있었다. 그 음반을 손에 넣은 백남준은 마치 이집트 피라미드에서 파라오의 보물을 발견한 사람처럼 흥분했다고 한다.

그는 도쿄대학교에 진학하고 나서도 쇤베르크 연구를 이어나갔고, 급기야 졸업논문을 쇤베르크의 음악 세계에 대해 썼다. 백남준은 쇤베르크 연구 권위자인 프린스턴대학교의 밀턴 배빗보다 자신이 먼저 쇤베르크를 알았다고 의기양양하게 이야기하곤 했다. "나는 얼마 전에 배빗이 1948년까지는 쇤베르크에 대해 알지 못했다는 사실을 알았다. 그는 나보다 일찍 태어난 데다가 뉴욕에서 성장했음에도 말이다. 나는 그보다 앞서 쇤베르크를 발견했고, 그를 나의 정신적 지도자로 받들었다." 하지만 백남준의 말과 달리 배빗은 그보다 앞서 쇤베르크 음악을 접했다. 아마도 배빗이 쇤베르크 음악에 영향을 받아 만든 〈피아노를 위한 세 편의 작곡〉을 1947년에 발표했기에 백남준은 이를 기준으로 혼동을 일으킨 것 같다.

백남준은 난해한 음악을 선보인 수많은 현대음악가들 가운데 쇤베르크에게 빠져든 이유를 다음과 같이 고백했다.

20세기 음악에 혁명을 가져온 쇤베르크

백남준은 쇤베르크에 대한 정보가 거의 없던 시절에 그의 존재를 발견한 것을 무척 자랑스럽게 여겼으며, 일본에 건너간 이후에도 쇤베르크에 대한 연구를 이어나갔다. 1947년 무렵에 그가 가지고 있던 쇤베르크의 작품은 〈피아노를 위한 소나타 31번〉 악보가 전부였기에 귀하디귀한 그 악보를 해질 때까지 파고들었을 것이다.

나는 버르토크와 스트라빈스키, 힌데미트, 시벨리우스에 대해서도
조금 알고 있었다. 모두 20세기 전반기를 빛낸 유명한 작곡가들이
다. 나는 쇤베르크에게 전적으로 기울었는데, 그가 가장 극단적이
었기 때문인 것 같다. 그의 음악을 듣기도 전에 그를 극단적이라고
평가하는 말에 이미 매료되었던 것이 분명하다.

—『백남준: 말에서 크리스토까지』, 70쪽 [2]

한편 백남준이 받은 피아노 교육도 평범한 수준은 아니었다. 당
시 그를 가르쳤던 신재덕은 보기 드문 일본 유학파 출신의 피아니
스트였다. 전공자도 아닌 일반 중학생이 당대 최고의 피아니스트에
게서 음악교육을 받은 것은 큰 행운이었다. 뛰어난 선생들로부터
전수받은 탄탄한 음악적 기초는 백남준의 일생에 걸쳐 커다란 자산
이 되었다. 훗날 그는 도올 김용옥과의 인터뷰에서 이렇게 이야기
했다.

날 자꾸 서양에서 다 배운 사람인 줄 아는데, 사실 인생을 결정지은
사상이나 예술의 바탕은 이미 내가 한국을 떠나기 전에 모두 흡수
한 거거덩. 우리나라 일제강점기 때 한국 예술가들 수준이 당대의
서구라파나 일본의 아방가르드적 수준에 조금도 뒤지지 않았다우.
난 쇤베르크나 스트라빈스키두 이건우 선생한테서 유학 가기 이전
에 다 배운 거구. 신재덕 선생이나 이건우 선생 같은 분이 가르쳐주
신 수준이나 김순남 선생을 사사한 수준이 내가 독일에 가서 작곡
가 노릇할 수 있었던 바탕을 다 만들어주셨던 거거덩.

많은 전문가는 백남준의 음악적 훈련이 비디오아트 탄생에 결정적 기여를 했다고 평가한다. 미술의 경우 회화나 조각과 같은 작품을 감상할 때 시간의 흐름에 크게 구애받지 않는다. 몇 분 몇 초든 관람객이 원하는 시간만큼 감상할 수 있다. 하지만 음악은 미술과 본질적으로 다르다. 일정한 리듬에 맞춰 악기를 연주하거나 노래를 불러야 하기 때문에 시간이 무척 중요하다. 시간의 흐름이라는 차원에서 보면 비디오아트는 미술보다 음악에 가깝다. 그래서 음악교육을 받은 백남준이야말로 비디오아트에 적합한 예술가라는 말이 나오는 것이다.

경기보통학교가 백남준에게 끼친 영향은 이뿐만이 아니었다. 이곳에서 습득한 폭넓은 지식도 그에게 엄청난 자양분이 되었다. 그가 꼽는 대표적인 예가 언론인이자 역사학자인 천관우에게서 가르침을 받은 노장사상이다. "얼마나 흥미로웠는지 넋을 잃고 들을 정도였다"라며 "나중에 유럽의 샛별 같은 지식인들이 노장사상을 가지고 토론하는 걸 보고, 그들에게 노자와 장자를 설명해주니까 그제야 끼워주더라. 그렇게 써먹을 줄은 꿈에도 몰랐다"라고 회상했다.

백남준이 중학교에 다니던 무렵 전 세계에서 사회주의와 자본주의 이념이 날카롭게 대립하기 시작했다. 한국도 이 같은 이념 싸움에서 비껴가지 못했다. 대구 10월 사건과 여수·순천 10·19 사건 같은 민족적 비극이 일어난 것도 이 시기였다. 이념 갈등이 심해지면서 정치권과 학계는 물론, 일반 고교에서조차 툭하면 좌우 세력 간싸움이 벌어졌다. 이 같은 문제에 백남준이 무심할 리 없었다. 그저 방 안에 앉아 혁명가라고 떠들어대는 위선자가 되어서는 안 된다고 생각했던 그였으니 말이다.

그러던 어느 날, 백남준이 며칠 동안 학교에 가지 못할 만큼 우익 학생들에게 흠씬 두들겨 맞는 사건이 일어났다. 이 사건으로 큰 충격을 받은 백낙승은 아들을 홍콩으로 보내야겠다고 결심했다. 지금과 달리 당시에는 외국에 나간다는 것 자체가 어렵고도 까다로운 일이었다. 백남준 부자가 발급받은 여권의 일련번호가 6번과 7번이었다는 사실만 보아도 알 수 있다. 이들보다 먼저 여권을 받은 사람이 불과 다섯 명밖에 없었다는 이야기다.

백남준이 여러 나라 중에서 홍콩으로 유학을 가게 된 것은 당시 한국이 처한 시대적 상황과 관련 있다. 외환이 부족했던 한국 정부는 세계적으로 알려진 인삼을 홍콩 시장에 내다 팔아 돈을 마련하고자 했고, 이 사업을 백낙승에게 맡겼던 것이다. 1949년 백낙승은 홍콩에 가게 되자 백남준을 통역사라는 명목으로 대동했다. 아무리 공부를 잘한다고 하더라도 해외 경험이 없던 백남준이 통역을 한다는 것은 무리였다. 그럼에도 학교에서의 수난으로부터 아들을 구해내려는 부모로서의 마음이 크게 작용했을 것이다. 물론 또 다른 이유도 있었을 것이다. 아마도 남들보다 훨씬 좋은 환경에서 아들을 공부시키겠다는 생각도 있지 않았을까.

백남준은 아버지를 따라 홍콩으로 건너가 로이든스쿨에 다녔다. 그는 홍콩에서 경제적 어려움 없이 생활한 것으로 보인다. 하지만 처음 경험하는 외국 생활로 인해 정신적인 혼란을 겪기도 했다. 백남준의 홍콩 생활에 대한 기록은 거의 남아 있지 않은데, 그가 홍콩에서 생활한 시기가 1년 남짓이기 때문이다. 시게코의 이야기에 따르면, 백남준은 조카의 백일잔치에 참석하기 위해 아버지와 함께 귀국했다가 한국전쟁의 발발로 홍콩으로 돌아가지 못했다고 한다.

1950년 6월, 북한이 3일 만에 서울을 손에 넣자 다급해진 백남준 일가는 황급히 짐을 쌌다. 최고의 부잣집으로 손꼽히던 자신의 집 안이 무사할 리 없다고 생각했던 것이다. 값진 것은 모두 빼앗길 가능성이 컸으며 군인들의 말에 복종하지 않으면 목숨을 잃을지도 모르는 상황이었다. 그런데 어찌 된 영문인지 백남준은 가족들과 피란을 가지 않고 홀로 남아 집을 지켰다. 이때의 선택으로 그가 사회주의에 품었던 막연한 호감은 완전히 산산조각이 났다. 북한군들이 그가 기르던 강아지를 잡아먹는 광경을 목도한 것이다. 백남준은 당시의 심정을 이렇게 털어놓았다. "무슨 놈의 휴머니스트, 로맨티스트 들이 애완견을 구워 삶아 먹냐구."

이후 백남준은 서울을 탈출해 가족들이 있던 부산으로 내려갔다. 이곳저곳에서 폭탄이 쏟아져 피란길은 말 그대로 아수라장이었다. 이런 어려움 속에서도 그는 가족과 합류하는 데 성공해 배를 타고 일본의 고베로 건너갔다. 전화에서 벗어나기 위해 고국을 떠난 백남준이 1984년 이 땅을 다시 밟기까지 34년에 걸친 '방랑자의 삶'은 이런 불운 속에서 시작했다.

백남준이 오래 사는 집, 백남준아트센터

한국에서 백남준을 좀 더 가깝게 느끼고 싶다면 용인에 자리한 백남준아트센터를 찾아가면 좋다. 이곳을 찾아가는 길에 내가 마주한 것이라고는 높다란 고층 아파트와 수도권 인근에 세워진 공장들과 물류창고뿐이었다. 백남준 예술을 감상하려면 이런 잿빛 콘크리트 숲을 지나야 한다는 사실이 왠지 아려왔다. 아니, 어쩌면 지극히 백남준다운 것인지도 모르겠다. 누구보다 미래를 내다볼 줄 알고 현실을 인정하는 그였으니 어쩔 수 없는 산업화의 추함도 거리낌 없이 받아들였으리라. 수도권 도심지를 10여 분이나 달렸을까. 넓은 대로와 훤한 녹지가 눈앞에 펼쳐졌는데, 도로 이름이 '백남준로'였다. 그 길을 따라 조금 더 올라가자 한눈에 봐도 범상치 않은 짙은 남색 유리 건물이 나타났다. 백남준아트센터였다.

안으로 들어서자 로비에 있는 〈TV 물고기〉가 관람객들을 반긴다. 어항 뒤로 텔레비전을 배치해 머스 커닝햄이 춤추는 영상 앞에서 금붕어가 헤엄치는 작품이다. 로비를 지나 1층 상설 전시실로 가니 백남준의 광활한 창신동 집 정원을 연상시키는 〈TV 정원〉이 있다. 푸르고 키 작은 나무 사이로 고개를 빼꼼 내민 브라운관에서는 쉴 새 없이 영상이 흘

백남준아트센터 전시 전경

러나온다. 지금은 자연과 기술의 만남이 흔한 콘셉트이지만 백남준이 이 작품을 만들 당시에는 기발한 생각이었을 것이다.

바로 옆방에 〈코끼리 수레〉가 있는데, 나무로 된 코끼리 조각상과 의자 위에 앉은 부처, 그 뒤로 오래된 텔레비전과 라디오 그리고 확성기 등을 잔뜩 실은 붉은 수레가 연결되어 있다. 코끼리와 수레는 여덟아홉 가닥의 전선들로 이어져 코끼리의 움직임에 따라 마치 정보가 퍼져나가는 듯한 인상을 받는다. 백남준은 이 작품을 통해 무엇을 이야기하려고 했을까. 아마도 코끼리가 끄는 수레, 즉 선의 세계에서 흘러나오는 형이상학적 관념이 전선을 타고 미디어로 확산하는 가상의 모습을 나타내려 한 것은 아닐까. 작품에 대한 해석은 관람객의 몫이자 특권이니, 작가의 의도가 어떻든 간에 수용자가 자신만의 프리즘을 통해 이를 이해하고 받아들인다면 그것만으로도 충분할 것이다.

이곳에는 〈TV 부처〉〈달은 가장 오래된 TV〉〈촛불 하나〉 등 백남준의 대표작들이 여럿 있다. 하나같이 선과 기술을 접목한 걸작들이다. 그중에서도 내 마음에 아로새겨진 것은 〈촛불 하나〉다. 1999년에 선보인 이 작품은 참으로 간단명료하다. 촛불 하나를 비디오카메라로 찍은 뒤 이 영상을 벽에 쏘는 것이 전부다. 하지만 그 영상이 내포한 것은 결코 단순하지 않다. 흔들리는 촛불이 비디오카메라에 의해 빨간색, 파란색, 노란색 등 묘한 색깔로 변하면서 긴 여운을 남긴다. 촛불 하나에도 이처럼 오묘한 색채와 움직임이 담겨 있음을 직접 눈으로 확인할 수 있는 좋은 작품이다. 백남준은 "광원은 정보와 같다"라고 이야기한 바 있다. 그는 불이 인류 문명의 시작을 상징하듯이, 텔레비전을 새로운 문명의 시작이라고 보았던 것은 아니었을까.

관람을 하다 보니 '어떻게 해서 이곳에 백남준아트센터가 세워진 것일까?' 하는 궁금증이 문득 일었다. 사실 해외로 나가기 전까지 종로에서 나고 자란 백남준이었기에 용인과의 연결고리는 없다. 인연이라면 그가 '수원 백씨'의 후손이라는 것 정도다. 그럼에도 경기도에서는 이런 가느다란 인연의 끈을 놓치지 않은 채 백남준아트센터 건립을 강력하게 밀어붙여 유치에 성공했다. 백남준은 세상을 떠나기 5년 전인 2001년에 경기도와 미술관 설립을 위한 양해각서를 맺었다. 처음에 그는 큰 문제가 없을 것이라고 예상했다. 하지만 미술관을 짓는 일은 생각했던 것보다 훨씬 험난하고 까다로웠다. 경기도 측은 전세계 건축가를 상대로 설계 공모를 실시했고, 55개국에서 440명이 응모했다. 이 치열한 경쟁을 뚫고 독일 출신의 30대 신예 건축가 키르스텐 쉐멜이 뽑혔다. 그녀의 아이디어는 무척이나 기발하면서도 백남준의 예술을 충분히 이해한 것이었다. 그녀는 '매트릭스', 즉 격자 모양의 지붕을 반투명 막으로 만들어 여닫을 수 있게 하며, 여기에 영상을 쏘아 올려 미술관 건물 그 자체를 하나의 예술 작품처럼 만들자는 생각을 내놓았다. 위에서 내려다보면 전자회로판처럼 보이게 말이다. 전자회로를 이용해 브라운관의 영상을 예술적으로 조작했던 백남준의 예술 세계를 표현하기에 더없이 적합한 아이디어가 아닐 수 없었다. 또 그녀는 건물을 뒤로 오목하게 들어간 땅 모양에 맞춰 설계하여 자연과의 조화를 꾀하자고 제안했다. 하지만 문제는 돈이었다. 쉐멜이 제안한 설계안대로 시행하려면 720억 원가량이 필요했다. 경기도가 준비한 자금은 이것의 절반인 360억 원에 불과했다. 디자인 수정이 불가피해진 데다가 쉐멜의 출산 시기와 맞물리면서 아트센터 건립은 위기를 맞게 된다.

그러다가 마리나 스탄코빅이라는 쉐멜의 동료가 나타나면서 극적인 전환을 맞이했다. 캐나다 출신으로 베를린에서 일하던 그는 쉐멜의 이야기를 듣고 새로운 디자인을 제안했다. 그 전까지는 매트릭스 모양으로 지붕이 열고 닫히는 첨단 건물이었지만 이번에는 달랐다. 유리로 된 건물 외벽에 가느다란 가로줄 모양을 넣어 쉐멜이 처음 제안했던 매트릭스 형태를 살리고, 건물의 전체 모습을 달리했다. 스탄코빅은 건물의 전면은 일반 빌딩과 같은 일자형으로, 후면은 한쪽을 반원 모양으로 둥그렇게 튀어나오도록 설계했다. 위에서 내려다보면 영락없는 그랜드피아노 모습이었다. 어릴 적 피아노를 배우고 커서는 이를 때려 부순 백남준을 떠오르게 하는 디자인이 아닐 수 없다. 백남준은 살아생전에 자신의 이름을 딴 이 아트센터를 '백남준이 오래 사는 집'이라고 명명했다.

백남준아트센터 외관

일본에서의
운명적인 만남

고국을 그리워하다

　서울을 겨우 빠져나온 백남준은 부산에 있는 가족과 합류하여 배를 사 일본의 항구도시 고베로 밀항했다. 그의 일본 시대가 시작하는 순간이었다. 일본에서의 경험은 어느 곳 못지않게 그의 삶에 지대한 영향을 끼쳤다. 그럼에도 사람들에게 가장 덜 알려진 시기가 바로 이 일본 시절일 것이다. 그가 이곳에서 대학을 다니며 무엇을 보고, 무엇을 고민했으며, 어떤 이들과 교류했는지를 상세하게 소개한 글은 적어도 한국에서는 찾아보기 힘들다. 이처럼 '잃어버린 고리missing link'가 존재하는 까닭은 백남준 자신이 일본에서의 삶을 자세히 이야기한 적이 없기 때문이다. 왜 그는 일본 시절을 거의 언급하지 않았을까. 추측하건대 그는 적어도 한국인들에게만큼은 일본 이야기를 하고 싶지 않았던 것 같다. 한국인들 사이에 퍼져 있는 반일 감정을 의식했거나 그의 집안 내력이 한몫했을 수 있다. 앞서 이야기한 것처럼 그의 아버지 백낙승은 일제강점기 때 물려받은 부를 더 크게 일군 사업가였다. 당시에는 조선총독부의 암묵적인 지원 없이 부를 축적하는 것이 불가능했다. 이 같은 집안 환경이 백남준으로 하여금 일본과 관련된 이야기를 기피하도록 만들었을 가능성을 배제할 수 없다. 주변 사람들에 따르면, 백남준은 한국 사람들이 있는 곳에서는 부인 시게코와 일본어로 절대 이야기하지 않았다고 한다. 이는 그가 일본인에 대한 한국인들의 복잡한 심경을 배려한 행동이라고 볼 수 있다. 일본에서 대학교를 나오고 일본인과 결혼했음에도 백남준은 한국인의 정체성을 유지하려고 노력했던 것만큼은 틀림없다. 그의 두 형과 이들의 가족이 일본으로 귀화했음에도 그는 끝까지 이를 마다했다.

세상 누구보다도 코즈모폴리턴적 예술가로서 세계 곳곳을 누리며 살았고, 자유분방하게 생각하고 행동하는 백남준이었지만 그의 가슴 한편에는 한국인의 정체성이 단단하게 자리 잡고 있었다. 그는 한국의 역사와 얼을 주제로 한 작품을 많이 남겨놓았다. 예를 들어 세계 최초의 철갑선인 거북선에서 착안하여 만든 〈프랙털 거북선〉, 16세기 조선시대의 유학자 이이를 모티브로 한 〈율곡〉 그리고 그의 유작인 〈엄마〉, 세 작품 모두에서 한국의 역사와 정서를 엿볼 수 있다.

먼저 〈프랙털 거북선〉은 브라운관을 쌓아 거북선 형상을 만든 것으로, 텔레비전과 수족관, 거북 박제, 전화기 등을 쌓아 만들었다. 한국에 있는 백남준의 작품 중에서는 〈다다익선〉에 이어 두 번째로 큰 작품이다. 프랙털이란 부분이 전체의 형태와 닮은 것을 기하학적으로 표현한 것으로, 단순한 구조를 끊임없이 반복해나가면서 복잡하면서도 묘한 전체를 만들어낸다. 작품을 구성하는 수많은 브라운관에서 무의미한 영상이 산발적으로 쏟아지는 것처럼 보이지만 면밀히 관찰하면 나름대로의 규칙과 질서를 엿볼 수 있다.

〈프랙털 거북선〉에서도 단순한 구조가 끊임없이 반복되며, 작은 조각의 부품들이 모여 거대한 거북선을 이룬다. 언뜻 보면 오래된 전자제품들을 대중없이 쌓아놓은 것처럼 느껴진다. 백남준은 고물 텔레비전과 버려진 피아노, 폐차 직전의 자동차를 모아 이 작품을 만들었다. 몸통 중앙에는 부서진 자동차 차체도 보이는데, 그 문에는 그가 그린 것으로 보이는 거북 두 마리가 있다. 자동차 창문을 통해서는 새로운 세계와 조우하는 듯한 홀로그램 초기 영상과 같은 장면이 나온다. 더불어 네온 등으로 만든 형광의 노가 양옆에 달려 있어 당장이라도 거북선이 하늘로 비상할 것 같은 느낌을 준다. 후면은 한산도대첩의 역사적 현장인 한산도를 형상화했다고 한다.

다음으로 〈율곡〉은 이이를 형상화한 로봇 작품으로, 백남준은 오래된 진공관 모니터로 머리를 만들고, 가슴과 배에 모니터를, 팔에는 공 모양의 안테나를 달았다. 그리고 마치 가부좌를 하는 것처럼 보이도록 둥근 라디오로 다리를 표현했다. 구성품의 생김새를 활용하여 신체의 동작이나 자세를 연상시키는 데에서 백남준 특유의 재치 있는 조형감을 엿볼 수 있다. 일곱 대의 모니터에서는 부채춤을 비롯하여 화려한 색감의 여러 비디오 영상이 흘러나오면서 작품에 활력을 불어넣는다. 백남준은 한국의 역사적 인물이라는 과거의 콘텐츠를 텔레비전과 비디오라는 당시 최신 기술과 접목해 과거와 현재를 아우르는 작품을 만들어냈다.

마지막으로 〈엄마〉는 한국의 치마저고리 안에 어렸을 적 추억을 떠올리게 하는 영상들을 담은 비디오를 설치한 작품이다. 삶의 마지막을 직감했기 때문일까. 어디에도 보이지 않던 어머니에 대한 그리움이 묻어나 애잔한 느낌을 주는 백남준답지 않은 예술품이었다. 백남준이 세상을 떠나기 1년 전인 2005년에 만든 이 작품은 살굿빛 여성용 모시 두루마기를 대나무 옷걸이에 걸어둔 뒤 배 부분에 소형 텔레비전을 설치해 한복을 입은 세 소녀가 즐겁게 뛰놀면서 '엄마'를 외치는 영상이 나오도록 했다. 이 작품에 사용할 모시 두루마기를 구하기 위해 백남준이 휠체어를 타고 돌아다녔다고 한다. 〈엄마〉는 2006년 백남준 사후에 그의 장조카인 하쿠다 켄이 서울로 가지고 들어와 공개했다. 당시 그는 "고인이 서명한 마지막 작품으로, 귀향에 대한 자신의 소망을 천진한 아이들의 목소리와 몸짓으로 표현했다"라고 설명한 바 있다.

〈TV 부처〉, 동서양이 하나 되다

하쿠다에 따르면 고베로 건너간 백남준 일가는 여러 료칸을 전전하며 6개월간 생활한다. 당시 촬영한 사진을 보면 백남준과 어머니, 형수 외에 보모가 함께 서 있다. 급박한 상황에서 일본으로 건너갔음에도 보모를 둘 만큼 경제적인 여유가 있었던 것이다. 그러다가 백남준 일가는 반년간의 고베 생활을 접고 도쿄 인근의 가마쿠라에 둥지를 틀었다. 백낙승이 이곳에 거처를 마련한 이유에 대해서는 알려지지 않았다.

　백남준이 몇 년간 살았던 곳이기도 하지만, 나는 다른 이유 때문에 오래전부터 가마쿠라에 가보고 싶었다. 일본의 전통적인 향기가 풍기는 곳으로는 단연 최고이기 때문이다. 다른 도시와 달리 가마쿠라는 제2차 세계대전 패망 이후 일본 내에서도 정신없이 진행해온 성장 우선주의에서 한 걸음쯤 벗어나 옛 모습을 간직하며 전통사상을 보존하는 데 주력했다. 그러니 지적 호기심으로 충만한 백남준이 일본의 사상과 전통을 받아들이기에는 가마쿠라가 최적의 장소였을 것이다. 심오한 동양철학에도 바탕을 둔 예술가 백남준이 태어난 데는 가마쿠라에서의 삶이 지대한 영향을 끼쳤을 것이라는 이야기다.

　고즈넉한 소도시 가마쿠라에 발을 들여놓는 순간부터 이러한 생각은 확신으로 바뀌었다. 일본의 역사와 문화에 관심이 있는 사람이라면 가마쿠라라는 이름을 한 번쯤 들어보았을 것이다. 과거 막부 정치의 중심지이기도 하지만, 수많은 문화계 명사의 삶과 사연이 깃든 곳이기도 하기 때문이다. 일본인 최초로 노벨문학상을 받은 가와바타 야스나리, 일본 단편문학의 거두인 아쿠타가와 류노스케 등이 이곳에 살았다. 가마쿠라는 전통미와 함께 휴양지로서의 매력까지 겸비한 곳이어서 오래전부터 부유한 이들과 예술가들이 살고 싶어 했다. 최근에는 유명 소설과 영화의 배경지로 사랑받고 있다.

　가마쿠라가 백남준의 삶에 어떤 영향을 끼쳤는지 알기 위해서는 이곳의 역사와 분위기 그리고 이로 인한 문화적 특별함을 이해해야

한적한 해안 마을 가마쿠라
도쿄에서 전철로 두 시간가량 가면 한적한 바닷가 마을인 가마쿠라를 만날 수 있다. 아름다운 해변 풍광을 자랑할 뿐 아니라 사적과 사찰 들이 많이 남아 있어 일본의 전통과 예술을 느낄 수 있다.

한다. 굳이 한국의 도시에 비유하면 교토는 경주쯤 되고, 가마쿠라는 부여 같은 곳이다. 가마쿠라는 권력투쟁의 산물인 막부 정치가 처음 시작한 곳으로, 이 시기를 '가마쿠라막부'라고 부른다. 그 전까지의 수도였던 교토에서 1159년 양대 파벌 간 싸움이 일어났고, 미나모토계가 실권을 잡으면서 성립했다. 하지만 내부 권력 다툼으로 1333년에 막을 내렸다. 가마쿠라는 수도로서 기능이 끝난 까닭에 더 이상 대규모 발전이 이루어지지 않았고, 이로 인해 옛 모습을 고스란히 간직할 수 있었다. 가마쿠라가 일본 특유의 전통미를 간직한 대표적인 도시로 손꼽히는 결정적인 이유가 여기에 있다. 이러한 역사가 깃든 이곳에서 젊디젊은 백남준은 무엇을 느꼈을까. '가뜩이나 책을 좋아하던 그가 이처럼 차분하기 그지없는 곳에서 더욱 사색적인 인간이 될 수밖에 없었겠다'라는 생각이 머릿속을 스쳤다.

가마쿠라에는 '절의 도시'라는 생각이 들 만큼 많은 선종 사찰이 위치해 있다. 선종은 인간 내면에 불성이 존재하며, 이를 스스로 발견하면 열반에 이른다고 믿는 불교의 일파로, 좌선과 참선을 가장 좋은 수행 방법이라고 여긴다. 명상 역시 선종이 강력하게 권하는 수련 방법이다. 선종이 일본에서 부흥하게 된 것은 막부의 5대 싯켄(가마쿠라막부의 최고 실력자)이었던 호조 도키요리 덕분이었다. 당시 선종에 심취했던 그는 일본 최초의 선종 사찰인 겐초지를 창건하는 데 앞장섰으며, 고승을 초청해 불법을 전파해나갔다. 가마쿠라에 있는 선종 사찰 중에서 가장 규모가 크며 중요한 위치를 차지하는 다섯 곳을 묶어 '가마쿠라 고잔'이라고 부른다.

도쿄에서 한 시간 남짓인 데다 아름다운 해변까지 갖춘 지리적 조건도 가마쿠라를 더욱더 특별한 명소로 만들어주었다. 이곳은 해수욕장으로 개발하기 안성맞춤이어서 19세기부터 서구 문물을 받아들이기 위해 불러들였던 외국인들의 휴양지로 각광받았다. 게다가 가마쿠라와 가까운 곳에 위치한 에노시마는 데이트 장소로 사랑받고 있다. 가마쿠라와 에노시마 사이의 해변을 달리는 전차가 무척 유명한데, 이곳 사람들은 에노덴이라고 부른다. 도쿄 근교의 유명 관광지인 에노시마와 쇼난 간 10여 킬로미터를 오가는 이 전차는 아름다운 해변과 주택가 사이의 좁은 철길을 아슬아슬하게 달려 일본 내에서도 인기 만점이다. 특히 한국에도 잘 알려진 만화 『슬램덩크』의 주인공들이 이 전차를 타고 다닌 것으로 나온다. 가마쿠라에 살던 백남준도 이 에노덴을 타고 이곳저곳을 다니지 않았을까.

기대감을 안고 가마쿠라에 도착하니 착 가라앉은 분위기가 나의 심상까지 잦아들게 했다. 도시 중앙 북쪽에 자리 잡은 신사 쓰루가오카하치만구 입구에서 남쪽으로 난 큰길을 '코마치 거리'라고 하는데, 600여 미터에 달하는 이 길은 특이하게도 중앙에 인도를 만들어놓아 인도 양옆에서 자동차들이 다닌다. 길 한가운데의 인도를 따라 천천히 걸었다. 도로 양쪽으로는 일본 전통 다기, 기모노, 화과자 등을 파는 자그마하면서도 아름다운 민예품점이 줄지어 있었다.

백남준 가족이 살았던 가마쿠라의 집은 이 중심가에서 도보로 5분이면 갈 수 있을 정도로 가까운 곳에 있었다. 백남준 지인들의 기억에 따르면, 그가 살던 양옥집은 넓고 근사했다고 한다. 이사할 당시에는 일본 내에서도 양옥은 흔하지 않았다. 막상 그의 보금자리를

낭만을 달리는 에노덴
만화 『슬램덩크』와 『바닷마을 다이어리』의 배경지로 유명한 곳이다. 에노덴은 도로 위를 달리기도 하고 골목길을 아슬아슬하게 지나기도 한다. 덜컹거리는 열차에 몸을 싣고 가다 보면 차창 밖으로 에메랄드빛의 바다가 펼쳐진다. 가마쿠라에 살던 백남준도 이 열차를 타고 이곳저곳을 누비지 않았을까.

직접 보니 이곳에서의 생활이 백남준에게 영향을 끼친 부분은 따로 있을 것이라는 확신이 들었다. 백남준의 집은 여느 집들과 달랐다. 주후쿠지, 에이쇼지, 야사카 오카미 등 많은 사찰과 신사가 그의 집을 에워싸고 있었다. 도보로 2~3분이면 닿는 곳들이니 백남준 역시 이곳을 자유롭게 오갔으리라.

그런데 하쿠다의 증언에 따르면, 백남준은 집 근처에 자리한 사찰이 아닌 도보로 30분 정도 걸리는 곳에 있는 고토쿠인을 자주 찾았다고 한다. 가마쿠라 시내에서 그곳에 가는 방법은 여러 가지가 있지만 그중 제일 낭만적인 건 에노덴을 타고 가는 것이다. 곡예 같은 운행을 20분쯤 즐기다 보니 어느새 목적지에 도착했다. 역에서 내려 10분쯤 걸어가자 고토쿠인이 보였다. 입구에서부터 화려한 다른 절이나 신사와는 사뭇 다르게 소박한 느낌을 준다. 표를 사서 들어가니 곧바로 넓은 하늘을 배경으로 고요하게 앉아 있는 대불의 장엄한 광경이 눈앞에 펼쳐졌다. 대불 뒤로는 나지막한 푸른 나무들이 병풍처럼 둘러쳐 있었다. 무려 800년 동안이나 이곳에 앉아 있다는 대불은 그윽한 표정으로 사바세계를 내려다보는 인상이었다. 마치 불상은 나에게 "왜 부질없는 속세의 고민에 허우적거리는가?"라며 말을 건네는 듯했다.

대불에 좀 더 가까이 다가가 자세히 살펴보았다. 대불은 여러 겹의 기다란 청동 판을 이어 만든 탓에 중간중간에 이음새가 보였다. 당시 기술로 이음새 없이 만들기에는 불가능했던 모양이다. 조악한 부분이 군데군데 보였지만 800년 전에 이런 커다란 불상을 만들었다는 사실이 그저 놀라웠다. 특이하게도 이 대불은 소액의 입장

가마쿠라의 명소, 코마치 거리

중앙 산책로를 따라 양옆으로 가게들이 자리해 있으며, 볼거리와 먹거리로 가득한 가마쿠라의 대표적인 번화가다. 평일과 주말 할 것 없이 늘 사람들로 붐빈다.

료를 내면 뒤편 출입구를 통해 내부를 들여다볼 수 있다. 안은 텅 비어 있지만 바깥에서 볼 때와 전혀 다른 느낌이었다. 121톤에 달하는 불상의 무게감이 더 와닿았다. 일부에서는 지나치게 커다란 머리 등으로 신체 비례가 맞지 않는다는 둥 혹평을 하지만, 이곳에 서 있으니 구구절절한 잡념 같은 것은 떨쳐버리고 조형적인 아름다움을 논하고 싶다는 생각도 사라졌다. 그저 인자하기 그지없는 불상의 표정을 보며 나를 되돌아보고 내면을 들여다보고 싶었다. 백남준 역시 이 대불이 풍기는 고요함의 세계에 깊은 인상을 받지 않았을까.

그는 이때의 경험을 바탕으로 〈TV 부처〉를 제작했다. 〈TV 부처〉는 모니터 앞에 놓인 불상을 폐쇄회로 카메라가 실시간으로 촬영해 모니터로 전송하여 보여준다. 부처는 텔레비전에 비친 자신의 모습을 가만히 응시한다. 속세를 떠나 구도자의 길을 걸으며 열반에 이른 부처가 현대 문명의 상징과도 같은 텔레비전을 바라보면서 자기 자신을 되돌아본다는 점이 아이러니하다. 여하튼 이것이야말로 백남준이 가마쿠라에서 느꼈던 선의 세계가 가장 극적으로 반영된 것이리라.

그의 수많은 작품 중에서도 〈TV 부처〉가 다섯 손가락 안에 드는 대표작이라는 데 이의를 다는 사람은 없으리라. 실제로 비평가들도 이 작품을 주저 없이 백남준 예술의 백미로 꼽는다. 동양과 서양, 선과 테크놀로지, 관조와 나르시시즘 등 대척점에 선 듯한 이질적인 요소들이 서로 절묘하게 조화를 이루며 근본적인 물음을 던지는, 지극히 철학적이고 관념적인 걸작이 바로 이 〈TV 부처〉인 것이다.

고토쿠인의 대불

나라의 도다이지 대불, 다카오카의 즈이류지 대불과 함께 일본의 3대 불상으로 꼽힌다. 원래는 나무로 제작되었으나 태풍으로 불전과 함께 파괴되었다. 그 후 13세기에 청동으로 다시 만든 것이 지금의 불상이다. 백남준이 장조카와 함께 자주 고토쿠인을 찾았다고 전해진다. 아마도 그는 대불의 인자한 미소를 바라보며 속세의 온갖 번뇌를 떨쳤을 것이다.

이 작품은 우연에 의해 탄생했다고 한다. 백남준은 1974년에 뉴욕의 보니노갤러리에서 열린 네 번째 개인전에서 〈TV 부처〉를 선보여 극찬을 받았지만 치밀한 사전 계획하에 제작한 것은 아니었다. 그는 다른 작품들로 전시장을 채우려 했지만 한쪽 구석에 상당한 공간이 남았다고 한다. 이를 어떻게 채울지 고민하던 그는 결국 그전에 사다놓은 불상과 텔레비전을 활용해 작품을 만들었다. 빈 공간을 채우기 위해 임기응변으로 만든 것이었기에 백남준은 큰 기대를 하지 않았다. 하지만 관람객들로부터 생각지도 못한 열렬한 호응을 받자 그는 〈TV 부처〉를 변주하며 시리즈로 제작했다. 1974년에는 쾰른미술관에서 직접 법의를 걸치고 텔레비전 앞에 앉은 퍼포먼스를 선보이기도 했다.

〈TV 부처〉는 보는 이들에게 성찰의 여지를 제공하면서도 심오한 진리의 세계로 우리를 인도하는 작품이지만 그 얼개는 지극히 단순하다. 웬만한 골동품 가게에서 쉽게 구할 수 있는 자그마한 불상과 비디오카메라 그리고 텔레비전이 전부다. 백남준은 텔레비전 앞에 불상을 놓아 마주 보게 했다. 그러고 나서 그 텔레비전 뒤에 비디오카메라를 세워두고 불상이 찍히도록 설정했다. 즉 부처가 비디오카메라로 찍은 자신의 모습을 모니터로 응시하도록 연출한 것이다. 무척이나 간단한 설치 작품임에도 보고 있으면 '부처가 화면에 잡힌 자신의 모습을 보면서 무슨 생각을 할까' 혹은 '테크놀로지는 차가운 기계 문명을 넘어 형이상학적 세계까지 담아낼 수 있을 것인가' 같은 숱한 상념에 빠져들게 한다.

도쿄대에서 마주친 인물들

백남준이 전쟁을 피해 일본으로 건너간 해가 1950년이고, 그가 도쿄대학교에 진학한 시기는 1952년이었다. 일본에 도착한 후 6개월가량은 고베의 료칸에서 지냈기 때문에 시간상 그는 가마쿠라에 도착하자마자 도쿄대학교 입학시험을 치렀을 가능성이 크다. 지금도 그렇지만 도쿄대는 웬만한 수재도 들어가기 힘든 곳이다. 일본 최고의 인재들이 입학시험을 통해 치열한 경쟁을 뚫어야만 합격할 수 있다. 하지만 어릴 때부터 명석했던 백남준에게는 그리 어려운 일이 아니었던 것 같다. 미학과를 지원한 그는 시험을 매우 잘 쳤다고 한다. 학교 측에서 그에게 "점수가 아까우니 미학과 대신 법학과나 상경 계열로 진학하는 것이 어떻겠느냐"라고 권했을 만큼 말이다. 백남준은 자신이 좋은 성적을 거둘 수 있던 것은 중학생 때부터 갈고닦았던 수학과 물리 실력 덕분이라고 말한 적이 있다. 그는 음악적 소양만을 지녔던 것이 아니라 논리적 사고력도 뛰어나 수학과 과학을 잘했다. 그가 최초의 비디오아티스트가 될 수 있었던 것도, 텔레비전의 원리를 잘 이해할 수 있었던 것도 이런 과학적 능력 덕분이 아니었을까.

가마쿠라 집에서 도쿄대학교까지는 60킬로미터 이상 떨어졌기에 백남준은 전철을 타고 다녔다. 도쿄대는 1~2학년 교양학부 시절에는 주로 교양과목을 듣고, 3학년부터는 전공과목을 수강한다. 그래서 1~2학년은 메구로구에 있는 고마바캠퍼스, 3~4학년은 분쿄구의 혼고캠퍼스에 다닌다. 백남준은 혼고캠퍼스에서 미학을 공부했다. 그는 다케우치 도시오 교수에게서 미학을, 노무라 요시오 교수로부터 음악학을, 모로이 사부로 교수로부터 작곡을 사사했다. 재학 시절에 백남준은 음악과 철학 관련 서적들을 숙독하며 음악에 대한 관심을 이어나갔고, 2학년 때는 교내 잡지 《카마라드 Les Camarades》에 프랑스의 작곡가 클로드 아실 드뷔시에 관한 글을 투고하기도 했다. 훗날 그는 그 글을 다시 읽고 "매우 실망스럽고 창피한 글"이라고 자평했다. 어쨌든 백남준은 도쿄대에서 수학하며 예술의 즐거움을 알아갔다.

도다이마에역에서 내려 혼고캠퍼스로 가는 길은 고즈넉했다. 나지막한 붉은 벽돌 벽을 따라 5분쯤 걸으니 대리석으로 만든 꽤나 큼직한 학교 정문이 나왔다. 정문 안에 들어서니 쭉 뻗은 길 양쪽으로 높다란 은행나무들이 늘어서 있었다. 세워진 지 140년 넘은 캠퍼스를 걸으며 나는 백남준이 이곳에서 어떤 생활을 했는지 자못 궁금해졌다. 그와 함께 학교를 다닌 학생들의 회상에 따르면, 백남준은 진지하게 음악과 철학을 천착했던 얌전하고 수줍은 모범생이었다고 한다. 마쓰모토 토시오라는 영화감독은 백남준을 "성실하고 어른스러운 수재형 학생"이라고 회상하며 "학창 시절 내성적이고 조용한 청년 이미지의 그가 갑자기 바이올린을 내리쳐 부수는 과격한 해프너가 되었다는 것이 대단히 충격이었다"라고 덧붙였다.

백남준은 멋 부리는 일이나 옷차림에는 전혀 신경 쓰지 않고 수수하게 하고 다녔다. 그런 그의 차림이 너무 심각하다고 생각했는지 어느 날, 그의 형이 백남준에게 "피카소나 헤겔의 미학을 고민하기에 앞서 네 옷차림의 미학부터 신경 써라"라고 말할 정도였다고

도쿄대학교

가와바타 야스나리, 오에 겐자부로 등이 이 학교 출신이다. 최고의 인재들이 다닌다는 이 학교 학생이라는 사실이 백남준에게도 자랑거리였을 것이다. 하지만 제국주의가 횡행하던 시절에 그 이념을 이끌어나갈 인재들을 육성하던 곳이었으니 사실상 일본 제국주의의 상징과도 같은 학교 출신이라는 점이 그에게는 적잖이 부담이 되었을 것이다.

한다. 하지만 그런 핀잔을 들었다고 해서 하루아침에 치장하는 데 신경을 쓸 그가 아니었다. 아마도 그는 겉모습에 신경을 쓰기에는 시간이 너무 모자랐거나 외양은 비본질적인 것이라고 생각하지 않았을까.

3학년이 된 백남준이 가장 흥미를 가졌던 분야는 현대음악, 그중에서도 전위적인 작곡가 쇤베르크의 음악 이론이었다. 그는 쇤베르크의 음악을 접하면서 예술의 최고 기능이 유희에 있다는 것을 깨달았다. 백남준은 쇤베르크 음악에 대해 더 알고 싶었지만, 그의 음악은 워낙 앞서나갔던 것이어서 당시 이를 아는 교수들이 거의 없었다고 한다. 그럼에도 그는 10대 때부터 관심을 기울인 쇤베르크 음악을 주제로 한 졸업논문을 쓰기로 결심했다. 논문의 제목은 '아르놀트 쇤베르크 연구'였다. 이 졸업논문은 2018년 9월, 독일 슈투트가르트 국립미술관에서 발견되어 화제가 되었다. 독일에서 활동 중인 한 한국인 기획자가 백남준의 대학 졸업논문이 이곳에 있다는 사실을 여러 책을 뒤진 끝에 알고서는 이 자료를 찾아냈다. 논문의 행방과 관련된 구체적인 단서는 백남준 전문가인 에디트 데커의 책에 나와 있었다고 한다.

논문은 400자 원고지 200장 분량의 이론집 2권과 악보 1권으로 구성되었다. 백남준은 졸업을 앞두고 3부의 논문을 작성했는데 당시 학교에 제출한 논문이 없어졌다고 한다. 보관 기간이 19년이 지난 학부생 논문을 폐기한다는 규정 때문이었다. 논문의 주 내용은 쇤베르크 음악에 대한 백남준 자신의 생각을 담은 것이었다. 구체적 연구가 더 이루어져야겠지만 이 논문을 본 한국의 한 교수는 "음간에 주종 관계가 있는데 쇤베르크는 이를 모두 해체해서 모든 음을 평등하게 사용했다. 음악가로 먼저 출발한 백남준은 이러한 점을 주목했던 것 같다"라는 평을 내놓았다.

진지하게 학업에 몰두했던 백남준에게도 학창 시절의 로맨스가 없었던 것은 아니다. 그녀를 향한 백남준의 마음을 가늠할 길은 없지만, 지금 돌아보면 짝사랑에 가까운 만남이었다. 그가 애틋한 감정을 품은 상대는 시부사와 미치코라는 학생으로, 같은 학교의 불문학과에 재학 중이었다. 두 사람의 만남에 대해서는 백남준 사후에 비교적 자세히 알려졌다. 2009년 백남준아트센터 측에서 미치코를 만나 인터뷰를 했고, 그 내용을『백남준의 귀환』에 실었다. 그 책에 나온 내용을 간략히 소개하면 다음과 같다.

두 사람 모두 가마쿠라에 살며 전차로 통학했는데, 어느 날 백남준이 알은체를 했다고 한다. 얌전하고 수줍음 많던 백남준이 먼저 말을 건넬 정도라면 그녀는 꽤나 눈에 띄는 인물이었던 것 같다. 실제로 당시 그녀의 사진을 보면 이목구비가 뚜렷한 수려한 미인이었다. 미치코는 백남준에 대해 "점퍼 입고 운동화 신고 일부러 지저분한 옷차림을 하고 다녔다"라면서 "잘 차려입고 다니면 눈에 띄기 쉬웠을 테니 그랬을 것"이라고 덧붙였다. 그녀는 백남준이 워낙 수수하게 하고 다녀서 부잣집 아들이라는 것은 생각도 못 했다고 했다. 어느 날 양손 가득 장을 보고 집으로 오는 길에 운전기사가 딸린 최고급 차가 옆에 섰는데 그 차에 백남준이 타고 있었다고 한다. 그녀는 그가 집에까지 데려다주겠다며 권유하자 처음에는 거절하다가 그 차를 타고 집에 갔다.

그녀에 따르면 당시 백남준은 쇤베르크 외에도 헝가리의 현대음악 작곡가 버르토크 벨러에 깊이 빠져 있었다. 버르토크는 이고르 표도로비치 스트라빈스키, 쇤베르크와 함께 현대음악의 중요한 작곡가 중 하나로 꼽힌다. 미치코 역시 현대음악에 관심이 많아 백남준보다 더 쇤베르크에 몰입했다고 한다. 아마도 음악에 대한 공감대가 자연스럽게 형성되면서 백남준은 그녀에게 더욱더 빠져들었을 것이다. 안타깝게도 두 사람은 연인 관계로 발전하지 못했다. 백남준의 소극적인 성격 때문일 수도 있지만, 미치코에게 이미 남자친구가 있었던 낫도 컸을 것이다.

한편 백남준은 미치코 덕분에 생각지도 못한 새로운 인연을 맺게 되었다. 그녀가 자신의 오빠를 백남준에게 소개해주었던 것이다. 그의 이름은 시부사와 다츠히코로, 그 역시 도쿄대 불문학과 학생이었다. 당시 그는 퇴폐문학으로 알려진 도나시앵 알퐁스 프랑수아 드 사드를 일본에 본격적으로 소개했을 뿐만 아니라 그 자신 역시 사드에 못지않은 퇴폐적이고 자극적인 소설을 쓴 것으로 유명했다. 미치코 역시 훗날 시인의 길을 걸었다.

황색 재앙, 그것이 바로 나다

1956년 대학을 졸업한 백남준은 곧바로 독일로 유학을 떠났다. 유학을 위해 백남준은 "독일에 가서 철학 박사 학위를 받아오겠다"라며 아버지를 설득했다. 다른 아들들이 사업가로 잘나가고 있으니 집안에 박사 한 명쯤은 있어도 나쁠 것이 없겠다는 생각에 그의 독일 유학을 허락해준 것이라고 한다.

하지만 이해에 아버지가 세상을 떠나면서 백남준은 경제적 어려움을 겪기 시작했다. 한번은 이런 일도 있었다. 1962년 3월, 큰형 백남일이 쾰른에 있는 백남준을 찾아갔다. 백남일이 백남준에게 한 달에 얼마를 쓰느냐고 묻자, 그는 형이 한 달에 250달러를 보내주지만, 그것만으로 생활하기에는 많이 힘들다고 이야기하면서 50달러를 더 보내주면 무척 고마울 것 같다라고 대답했다. 그러자 형은 도쿄에 있는 자기 집에 와서 지내면 250달러를 절약할 수 있고, 이런 고생을 할 필요도 없지 않느냐며 핀잔을 주었다. 형에게서 핀잔을 들었음에도 백남준은 유학 생활을 포기하지 않았다.

백남준은 7년간의 독일 유학 생활을 마친 후 일본에 잠시 머물렀다. 그때 그는 리투아니아 출신 미국의 전위예술가 조지 머추너스에게 한 통의 편지를 보냈다. 그 편지에는 뉴욕에서 선보일 로봇 작품에 대한 이야기가 담겨 있었다. 그러면서 "황색 재앙! 그것이 바로 나다"라고 선언했는데, 이는 프랑스 절대군주 루이 14세의 "짐은 곧 국가다"를 차용해 쓴 말이다. 황색 재앙은 13세기에 유라시아 대륙을 평정해 동서양에 걸친 대제국을 건설한 칭기즈칸과 관련 있다. 칭기즈칸과 그의 몽골군은 유럽을 휩쓸고 다니면서 수레바퀴 높이보다 작은 어린아이를 제외하고는 점령지 주민들을 모조리 학살했다. 워낙 잔인하게 도륙했기에 유럽인들은 노란 얼굴을 한 몽골군을 황색 재앙이라고 부르며 두려움에 벌벌 떨었다. 여기에서 착안한 백남준은 자신을 유럽 점령에 나선 몽골군과 같은 테러리스트라며 황색 재앙을 자처했다. 지금 생각하면 이보다 적절한 별명은 찾기 어려울 만큼 몹시 그럴듯하다.

그의 유별난 지적 호기심은 잘 알려져 있지만 그중에서도 역사에 대한 관심은 각별했다. 뉴욕에서 교류했던 사진작가인 임영균이 백남준에게 "상상력의 근원이 무엇이냐"라고 묻자 사마천의 『사기』를 정독하라 했다고 한다. 백남준에게 역사가 상상력의 원천이었던 셈이다. 실제로 백남준의 작품에서도 역사에 대한 그의 해박함을 느낄 수 있다. 그는 『손자병법』에 나오는 고사를 인용하거나 칭기즈간을 소새로 한 작품을 남기기도 했다.

> 몽골 출신의 한국인 관점에서 보자면 나는 마르코 폴로와 칭기즈칸의 역할을 강조하지 않을 수 없다. (…) 마르코 폴로가 중국을 돌아보고 여행 기록을 남길 수 있었던 것은 칭기즈칸의 몽골제국이 세계를 통치하면서 장구한 세월에 걸쳐 확립한 법과 질서를 고스란히 유지했기 때문이다.

길지 않은 일본 체류 기간 동안 그는 이곳에서 거의 알려지지 않은 전위적인 퍼포먼스를 선보여 일본 문화계를 충격에 빠뜨렸다. 제2차 세계대전 이후 세대의 전위예술이 유행하던 유럽에서도 충격적으로 받아들여졌던 그의 예술이었으니 보수적인 분위기가 강한 일본에서 백남준의 퍼포먼스가 어떤 반향을 일으켰는지는 충분히 짐작하고도 남는다.

이 당시 백남준의 흔적이 뚜렷하게 남아 있는 곳 중 하나가 미나

토구에 위치한 소게쓰홀이다. 제2차 세계대전 패망 이후, 전통의 보존과 혁신 그리고 근대의 수용과 응용이라는 사회적 갈림길에 놓여 있던 일본 사회에서 소게쓰홀은 예술 활동의 중심지로 맹위를 떨쳤다. 이곳에서 공연한 프로그램이 당시 일본 예술계의 흐름을 대변한다고 해도 과언은 아니었다. 건물은 푸른색 유리벽과 비대칭의 현대적 감각의 디자인으로 지어졌으며, 당장이라도 하늘로 비상할 듯한 모습이다. 1977년 완공한 소게쓰홀은 건축계의 노벨상이라는 프리츠커상을 수상한 단게 겐조 작품으로, 조경은 세계적인 명성을 얻은 일본계 미국인 노구치 이사무가 담당했다.

1964년 봄, 백남준은 이곳에서 〈존 케이지에 대한 경의〉라는 퍼포먼스를 선보였다. 그는 날계란을 무대 이곳저곳으로 던져 공연장 벽 여기저기서 노른자가 흘러내리는 기괴한 장면을 연출했다. 이어서 두 대의 피아노를 가져다놓고 한 피아노를 연주하면서 다른 한 피아노를 갈고리 등 온갖 기구를 이용해 망가뜨리고 대패로 피아노의 몸체를 서걱서걱 깎았다. 클라이맥스는 더욱 잔인했다. 잠시 무대 뒤로 사라졌던 백남준이 도끼를 들고 다시 나타나 순식간에 피아노를 때려 엎었다. 나중에 안 일이지만 이때 그가 부순 피아노 중 하나는 그의 조카가 쓰던 것이었다고 한다. 엽기적인 행동은 이뿐만이 아니었다. 그는 먹물이 담긴 대야에 머리를 집어넣어 적신 뒤 머리카락으로 긴 종이에 글자를 써나갔다. 심지어 자신의 구두를 꺼내 들고는 그곳에 물을 담아 마셨다. 이런 장면을 본 관객들은 충격을 감추지 못했다.

지금 돌이켜 보면 관객들이 깊은 인상을 받았다는 것보다 훨씬 더 중요한 사실이 있다. 바로 이 공연을 미래의 아내인 시게코가 보고 큰 감명을 받았다는 점이다. 그녀는 공연이 끝나자 친구들과 함께 백남준에게 다가가 "우리와 함께 차 한잔하면 어떻겠느냐"라고 제안했다. 두 사람의 운명적 만남이 이루어지는 순간이었다. 이때부터 두 사람은 예술가로서 교류를 시작했다. 한국에서는 시게코가 백남준의 일본인 아내로만 알려져 있을 뿐 그녀 또한 뛰어난 예술가였다는 사실을 아는 이는 드물다. 니가타현에서 태어난 시게코는 어렸을 때부터 자유분방한 분위기에서 자랐다. 그녀의 아버지는 자식 교육에 남다른 정성을 쏟아 예술에 재능을 보인 시게코에게 어릴 적부터 미술교육을 시켰다. 시게코는 대담한 화풍으로 일찍이 두각을 드러내 고등학교 시절에는 전국 대회에서 입상해 지역 신문에 기사가 실릴 정도였다. 이후 시게코는 도쿄교육대학교(지금의 쓰쿠바대학교)에 진학해 조각을 전공했다. 회화 쪽에는 이미 뛰어난 작가들이 많아 조각을 하는 것이 예술가로서 더 유리하다고 판단했기 때문이다.

시게코가 대학을 졸업할 무렵에 일본 사회는 심각한 이념적 갈등을 겪던 질풍노도의 시대였다. 사회주의사상에 물든 청년들이 정부의 정책에 불만을 품고 툭하면 데모를 했다. 그도 시위에 동참하곤 했다. 게다가 당시 일본 사회는 남성 우월주의와 보수적인 분위기에 잠식되어 있었다. 그는 이런 상황을 목도하며 숨이 막힐 것 같은 답답함을 느꼈다고 한다. 그러니 그가 반항아 기질이 다분한 백남준을 동경한 것은 어쩌면 당연한 일이었을 것이다.

그런데 백남준은 소게쓰홀에서의 만남 전부터 시게코를 알았다고 한다. 시게코는 학교 졸업 후 중학교 교사로 일한 적이 있는데, 틈틈이 미술 작가로서 활동을 이어나갔다. 그러다가 1964년에 도쿄의 한 갤러리에서 첫 개인전을 열었다. 이때 출품한 작품은 당시 일본에서는 보기 드물 만큼 과감하고 실험적인 것이었다. 전시장 큰 방 안에 한가득 구겨진 신문지를 쌓아놓고 그 위에 다시 흰 천을 덮어 산처럼 만든 다음 그 위쪽에 청동 조각상을 설치해놓았다. 작품의 제목은 '연애편지'로, 관람객들이 작품을 감상하기 위해서는 산처럼 쌓인 신문지 더미 위로 기어 올라가야 했다. 지금의 우리 눈에는 특별히 전위적인 것도 아니지만 당시에는 미술 작품으로 보이지 않을 만큼 충격적이었던 모양이다. 비평가와 언론 들은 한결같이 차가운 반응을 보였고, 결국 이 전시회를 소개하는 기사는 한 줄도 신문에 실리지 않았다.

백남준은 전시회를 보러 갔다는 사실을 그녀를 만난 자리에서 털어놓으며 "일본에서는 보기 드문 대륙적인 스케일"이라며 칭찬을 아끼지 않았다고 한다. 동경하던 백남준이 자신의 전시회에 와준 것은 물론 칭찬까지 해주었으니 시게코는 기쁘기가 한량없었으리라. 개인전도 열고 백남준과 같은 유명한 미술가와 교류하지만, 그녀의 답답함은 풀리지 않았던 모양이다. 시게코는 고민 끝에 당시 현대미술의 메카인 뉴욕으로 건너가기로 결심했다. 그녀는 보수적인 아버지를 집요하게 설득한 끝에 허락을 받아내 뉴욕행 비행기에 몸을 실었다. 그때 백남준도 뉴욕에 머물고 있었다. 이로써 끊길 것 같았던 두 사람의 인연은 다시 이어졌다.

평생의 후원자, 와타리 시즈코

　백남준과 관련해 도쿄에서 놓치지 말아야 할 또 다른 장소로 와타리움미술관이 있다. 시부야구에 자리한 와타리움미술관은 유명한 미술 수집가이자 수많은 작가들을 후원한 와타리 시즈코가 세운 곳으로, 미술관 명칭은 그의 이름에서 따온 것이다. 1990년 개관한 이곳은 지상 5층, 지하 1층으로 이루어졌으며, 세계적인 스위스 건축가 마리오 보타가 설계했다고 한다. 현재 이곳은 백남준의 작품 100여 점 이상을 소장한 것으로 알려졌다.

　시즈코는 1977년 6월 독일 카셀의 도큐멘타에서 백남준을 처음 만났다. 당시 백남준이 선보인 〈TV 정원〉을 보고 그녀가 큰 감명을 받았다고 한다. 시즈코는 이 작품을 처음 보았을 때의 생생한 감동을 이렇게 고백했다.

> 무성한 풀과 나무 사이로 수백 대의 텔레비전이 얼굴을 내밀고 있었다. 그곳에서 일제히 흘러나오는 영상과 음악의 꿈의 심포니. 그 공간과 무대 연출을 포함해 미래의 예술을 발표했던 백남준의 〈TV 정원〉에, 주변에 떠도는 그의 우주 철학에, 세계의 미술가들이 절찬의 박수를 보내는 광경을 직접 목도했다.
> ― '2020년에 웃는 자는 누구인가' 전시회에서

　이때의 만남 이후 시즈코는 백남준의 예술 활동을 아낌없이 후원했다. 그녀는 백남준의 일본 내 활동을 전폭적으로 지원한 것은 물

일본 현대미술을 선도해나가는 와타리움미술관

1990년에 문을 열었으며, 가이엔마에역에서 도보로 10분 정도 걸린다. 건물 외벽에 이곳을 방문한 여러 관람객들의 사진이 새겨져 있어 눈길을 끈다. 현대미술 작품을 주로 전시하며 백남준의 작품 100여 점을 소장하고 있다. 주변에 야마타네미술관과 네즈미술관이 있어 함께 둘러보는 것도 좋다.

론 어느 누구보다 그의 작품을 열심히 사들임으로써 재정적으로도 그에게 많은 도움을 주었다. 일본에서만 그의 전시회가 열 번 이상 열리도록 도움을 주었으며, 그가 뉴욕의 휘트니미술관과 파리의 퐁피두센터에서 전시회를 열 때도 지원을 아끼지 않았다. 두 사람은 예술가와 후원자라는 관계를 넘어서 서로 통하는 데가 있어 예술에 대해 이야기하며 공감대를 형성해나갔다. 때로는 몇 시간씩 국제 전화를 하는 바람에 전화료가 많이 나온 적도 있었다. 이 때문에 시게코가 "차라리 비행기를 타고 직접 만나서 이야기를 하는 것이 더 싸겠다"라며 화를 냈다고 한다. 지금과 비교할 수 없을 만큼 요금이 비쌌던 시절이었으니 그녀의 볼멘소리도 이해는 간다.

예술에 대한 남다른 심미안을 가진 시즈코가 세운 미술관이어서 그런지 건물 그 자체만으로도 하나의 예술 작품처럼 느껴졌다. 마침 내가 방문할 무렵에 백남준의 서거 10주기를 추모하는 특별전 '2020년에 웃는 자는 누구인가'가 개최 중이었다. 삼각형의 부지에 세워진 탓에 생각보다 실내는 그리 넓지 않았다. 입구를 지나 엘리베이터를 타고 3층으로 올라가니 낯익은 백남준의 작품들이 눈에 들어왔다. 전시회장 입구에는 그가 어떻게 일본에 왔고, 이곳에서 어떻게 생활했는지를 자세히 적은 기다란 플래카드가 걸려 있었다. 다른 층에는 시즈코가 그토록 감명을 받은 〈TV 정원〉의 축소판이 있었다. 백남준이 도큐멘타에서 선보인 작품보다는 작았지만 자연과 기술이 자연스럽게 어울리는 세상을 만들어보겠다는 그의 의도는 충분히 느낄 수 있었다.

지하 1층은 예술 전문 서점으로 꾸며져 있었다. 수많은 책 사이에서 실험적인 작가에 대한 책들이 눈에 띄었다. 백남준에 관한 중요한 연구서들도 비치되어 있었다. 서점 주인에게 "백남준의 관한 책을 다 볼 수 있느냐"라고 묻자 "곧 새로운 책이 나올 예정이니 주문하고 가는 게 어떻겠느냐"라며 답하는 것이 아닌가. 또다시 일본에 오기가 쉽지 않았기에 한국의 주소를 적어주었다. 그러고는 두세 달 뒤 주문한 사실조차 잊었을 무렵, 부탁했던 책이 무사히 집에 도착했다.

세상에서 가장 위대한 의사, 아베 슈야

백남준의 비디오아트가 꽃필 수 있게 결정적 도움을 준 인물을 꼽으라면 단연 아베 슈야일 것이다. 백남준은 1963년 일본에서 만난 아베 덕분에 예술의 지평을 확장해갈 수 있었다. 아베는 원래 백남준을 만나기 전까지 일본 TBS 방송국에서 일하던 엔지니어였다. 도호쿠대학교에서 전자공학과 물리학을 전공한 그는 수많은 분야에 정통할 뿐만 아니라 박학다식했다. 백남준에게 그를 소개한 것은 NHK 기술연구소의 엔지니어인 우치다 히데오였다. 백남준은 아베가 자동차 벤츠의 세부 구조에서부터 뒤샹의 작품 세계에 이르기까지 다방면에 걸쳐 모르는 것이 없어 큰 감명을 받았다고 한다. 이에 백남준은 아베에게 자신과 함께 일해달라고 간청하고, 아베가 이 제안을 받아들인다.

당시 전자 산업이 일본의 주력 산업으로 궤도에 오르면서 이 업

종의 엔지니어는 굉장히 안정적인 직업으로 각광받았다. 그런데도 대형 방송국에서 일하던 아베가 갑자기 일을 그만두고 전혀 알지 못하는 한국인 예술가 백남준을 따라나서겠다고 하니 가족들은 충격과 당혹감을 감추지 못했다. 게다가 그에게는 책임져야 할 젊은 아내와 두 어린 자식이 있었다. 이 때문에 아베가 방송국을 사직하고 미국으로 떠나자 그를 백남준에게 소개해준 우치다는 그의 가족을 찾아가 깊이 사과했다.

백남준의 안목은 탁월했다. 아베는 만능 해결사 역할을 톡톡히 해냈다. 실제로 백남준은 1991년 쓴 '나에게는 세상에서 가장 위대한 의사, 아베'라는 글에서 아베를 이렇게 표현했다.

> 도쿄, 보스턴, 뉴욕, 혹은 로스앤젤레스 어딘가에서 아베가 여행 가방을 들고 입가에 미소를 지으며 나타나면 그의 가방이 이 박사님의 왕진 가방처럼 여겨지면서 마음이 차분해지곤 했다. 아무리 심각한 상황이라도 나를 도와줄 사람이라는 믿음이 있었다. 실제로 그는 나를 염라대왕에게 끌려갈 위기에서 1964년, 1970년, 1983년, 그리고 올해, 이렇게 네 번이나 구해주었다.
>
> —『백남준: 말에서 크리스토까지』, 56~57쪽 3

운이 좋게도 나는 아베를 두 차례 만난 적이 있다. 첫 번째는 『나의 사랑 백남준』을 쓸 때였다. 백남준을 가장 잘 아는 사람 중 하나이니 꼭 연락해보라는 권유를 받고 도쿄로 그를 찾아갔다. 백남준 이야기를 듣고 싶다고 하니 그는 생면부지인 나에게 선선히 시간을 내주었다. 한 가지 내건 조건이라고는 "저녁에는 잘 보이지 않으니 낮에 만나자"라는 것이 전부였다. 약속 시간에 맞춰 나가보니 조용하고 차분한 분위기를 풍기는 노신사가 앉아 있었다. 쾌활하고 재치 넘치는 백남준과는 사뭇 다른 이미지였다. 아베는 나의 온갖 질문에 백남준과의 추억을 곱씹기라도 하듯 중간중간 눈을 감은 채 나지막이 말을 이어갔다. 두 번째는 이 만남으로부터 몇 년이 지난 용인의 백남준아트센터에서였다. 백남준 추모식 행사에 초청받아 왔다는 그는 나를 알아보고 조용히 반겨주었다.

　백남준의 예술을 기억하고 세상에 알리는 친구이자 예술적 동지인 아베가 없었더라면 〈백-아베 비디오 신시사이저〉와 〈로봇 K-456〉은 탄생하지 못했을 것이다. 〈백-아베 비디오 신시사이저〉는 두 사람이 음악을 마음대로 조작하는 신시사이저에서 아이디어를 얻어 만든 영상 합성기다. 이들은 그저 영상만 내보내는 기계로 여겨졌던 텔레비전을 쌍방향의 피드백이 가능하도록 만드는 데 만족하지 않았고, 피아노 건반을 치듯 누구나 쉽게 영상을 다룰 수 있는 기계를 원했으며 모든 사람이 적극적으로 예술가가 되기를 바랐다. 두 사람은 수많은 시도 끝에 마침내 1969년 외부에서 전달받은 영상을 조작해 색과 형태를 변형시킴으로써 예측할 수 없는 영상을 만들어낼 수 있는 비디오 신시사이저를 개발했다. 백남준은 이 기발한 물건을 미국 보스턴의 WGBH 방송국의 생방송에서 처음 사용했는데, 이를 증명하기 위해 지나가던 사람을 스튜디오 안으로 데려왔다고 한다. 문제는 비틀즈의 음악이 흐르는 가운데 변형된 이미지들이 나오고 프로그램 중간에 일본의 방송 프로그램과 광고 이미지가 자막 없이 방영되는 바람에 방송국에 항의 전화가 빗발쳤다고 한다. 안타깝게도 1970년대에 제작한 비디오 신시사이저가 모두 작동하지 않자 백남준아트센터에서는 2011년에 아베와 함께 '아베 비디오 신시사이저 복원 프로젝트'를 진행하여 교육용 신시사이저를 다시 만들었다.

백남준의 첫 번째 로봇 작품인 〈로봇 K-456〉 역시 두 사람의 합작품 가운데 하나다. 이 로봇에 붙인 'K-456'이라는 이름은 모차르트의 〈피아노협주곡 18번 B플랫장조〉의 작품번호에서 따온 것이다. 백남준은 저렴하고 복잡하지 않은 기술로도 얼마든지 흥미로운 작품을 만들어낼 수 있다는 사실을 증명하려고 했다. 그래서 장난감 가게에서 무선 조종기를 구입해 아베와 함께 인간의 모습을 본뜬 허술한 로봇을 만들었다. 〈로봇 K-456〉은 백남준의 작품 중에서도 독특한 위치를 차지한다. 그동안 로봇 형상을 한 작품을 종종 만들던 그였지만 키네틱아트(kinetic art, 작품이 움직이거나 움직이는 부분을 넣은 예술품)는 드물었기 때문이다. 이 로봇은 거리를 활보하면서 사람들과 상호작용하며 라디오 스피커를 부착한 입에서는 미국 전 대통령 케네디의 연설을 재생하고 마치 배변하듯 콩을 배출했다. 또 가슴에 부착한 전등이 반짝거리기도 하고, 머리에 붙인 은박지가 바람에 나부끼기도 해 사람들에게 웃음을 선사했다. 한때 인기를 모았던 〈로봇 K-456〉는 1982년 뉴욕의 휘트니미술관에서 열린 백남준 회고전 때 최후를 맞는다. 백남준은 로봇이 길을 건너다가 차에 치여 부서지는 퍼포먼스를 기획해 이 작품을 파괴했다. 그는 이 퍼포먼스를 '21세기 최초의 참사'라고 명명했다. 이 같은 연출을 두

CLASSIC
CLOUD

내 인생의 거장을 만나는 특별한 여행

클래식 클라우드

arte

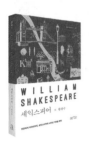

001 셰익스피어 × 황광수

런던에서 아테네까지, 셰익스피어의 450년 자취를 찾아

모든 시대를 위해 존재하는 작가,
인간의 모든 감정을 무대 위에 올린 위대한 스토리텔러,
셰익스피어가 남긴 문학적 유산을 찾아가는 문학 기행

002 니체 × 이진우

알프스에서 만난 차라투스트라

죽음의 고통에서 삶의 의미를 읽어낸 니체.
망치를 들고 신을 대면했던 그가 지나간 길,
니체의 사상이 탄생한 알프스에서 '나'의 의미를 찾는 철학 기행

003 클림트 × 전원경

빈에서 만난 황금빛 키스의 화가

과거와 현재가 공존하는 모순의 도시 빈과
놀라운 천재성이 만나 이뤄낸 유니크한 혁신.
클림트의 걸작들과 영감의 세계로 떠나는 예술 기행

004 페소아 × 김한민

리스본에서 만난 복수複數의 화신

120여 명의 이명 작가가 되어
여러 언어로 시, 소설, 희곡, 평론 등 다양한 문학 세계를 펼친
페소아의 삶과 독특한 작품들을 탐색하는 문학 기행

005 푸치니 × 유윤종

토스카나의 새벽을 무대에 올린 오페라 제왕

정교한 선율과 격정의 드라마로 전 세계를 매혹한
푸치니 음악의 멜랑콜리와 노스탤지어의 근원을 찾아
푸치니의 선율이 흐르는 이탈리아로 떠나는 음악 기행

014 **모네** × 허나영

빛과 색으로 완성한 회화의 혁명

미술사의 흐름을 뒤바꾼 인상주의의 기수 모네.
노르망디 해안에서 파리를 거쳐 지베르니까지,
빛으로 가득한 그의 화실을 찾아 떠난 여행

015 **에리히 프롬** × 옌스 푀르스터

사랑의 혁명을 꿈꾼 휴머니스트

우리 시대의 고전 『자유로부터의 도피』 『사랑의 기술』
『소유냐 존재냐』를 탄생시킨 위대한 사상가 프롬.
'소유'에 초연한 삶을 살다 간 그의 자취를 좇는 지적 여정

016 **카뮈** × 최수철

지중해의 태양 아래에서 만난 영원한 이방인

부조리하고 덧없는 삶을 있는 그대로 껴안음으로써
지중해적 반항의 길을 제시한 '프랑스의 니체',
알베르 카뮈의 여정을 따라가다

017 **베토벤** × 최은규

절망의 심연에서 불러낸 환희의 선율

어린 음악가가 위안과 영감을 얻은 본의 라인강에서부터
교향곡 〈영웅〉 〈운명〉이 초연된 빈의 안 데어 빈 극장까지
불멸의 음악가 베토벤의 자취를 좇다

각 권 18,800원

CLASSIC
CLOUD

당신에게도 깊이 알고 싶은 사람이 있나요?

책에서 여행으로, 여행에서 책으로
한 사람과 그의 세계를 깊이 여행하게 될 때,
우리의 삶은 어떻게 달라질까요?

'클래식 클라우드'는 아무도 제기하지 않았던 질문에서 출발합니다.
수백 년간 우리 곁에 존재하며 '클래식'으로 남은 세계적 명작들,
누구나 알지만 아무도 제대로 읽지 않는 작품들에 좀 더 쉽게 다가가 지금 여기,
우리의 눈으로 공감하며 체험할 수는 없을까.

'클래식 클라우드'는 명작의 명성보다 '한 사람'에 주목합니다.
위대한 작품 너머 한 인간이 삶을 걸었던 문제를 먼저 생각하고자 합니다.
명작의 가치를 알아보는 일은 한 창작자가 세상을 바라보았던 시각,
언제, 어디에서, 무엇을 위해, 어떻게 살았는지를 배우는 일이기 때문입니다.

'클래식 클라우드'는 100%의 독서를 지향합니다.
우리가 가장 알고 싶어 하는 거장의 삶과 명작이 탄생한 곳으로 떠나는
특별한 여행 수업에 믿음직한 안내자가 함께한다면?
작품에 숨겨진 의도와 시대적 맥락까지 이해할 수 있는 완전한 독서!

'클래식 클라우드'는 우리 시대 새로운 거장들을 기다립니다.
누구보다 뛰어났던 거장들의 놀라운 작품들을 만나고,
삶을 뒤바꾼 질문과 모험을 경험하며 시공간을 초월해 오늘 우리의 고민을
다시 바라보게 할 실마리들을 찾아봅니다. 천재들의 영감을 '나의 여행'으로 만나는
시간들이 우리 일상 가까이 작은 거장들의 탄생으로 이어지기를 기대합니다.

일상에 깊이를 더하는 클래식 클라우드!
내게 맞는 채널로 즐겨보세요.

김태훈의 책보다 여행

누적 재생 수 1000만 회
국내 최고의 인문교양 팟캐스트
네이버 오디오클립, 팟빵,
팟캐스트에서 검색하세요.

클래식 클라우드 유튜브

클래식한 삶을 위한 인문교양 채널
저자 인터뷰, 북트레일러,
팟캐스트 〈김태훈의 책보다 여행〉을
영상으로 만나보세요.

클래식 클라우드 프리미엄 클래스

수강생 지인 추천 의사 96%
국내 최고의 전문가와 함께
한 달에 한 명의 거장을
'제대로' 만나보세요.

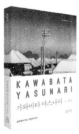

010 가와바타 야스나리 × 허연

설국에서 만난 극한의 허무

『설국』의 탄생지부터 가와바타 야스나리가 생을 마감한 곳까지,
허무의 끝에서 아름다움의 궁극을 찾았던
가와바타 야스나리의 문학 세계로 떠나다

011 마키아벨리 × 김경희

르네상스 피렌체가 낳은 이단아

단테, 다빈치, 미켈란젤로 그리고 마키아벨리의 고향
르네상스를 꽃피운 도시 피렌체, 종교의 공간 두오모,
정치의 공간 시뇨리아광장에서 『군주론』에 담긴
시대를 앞선 지혜를 읽다

사람을 깊이 여행하는 즐거움,
클래식 클라우드!

012 피츠제럴드 × 최민석

미국 문학의 꺼지지 않는 '초록 불빛'

미국을 알기 위해 반드시 읽어야 할 작가, 피츠제럴드!
『마지막 거물』을 쓴 할리우드에서부터
『위대한 개츠비』의 배경인 뉴욕까지, 그의 발자취를 좇아가다

013 레이먼드 카버 × 고영범

삶의 세밀화를 그린 아메리칸 체호프

'더러운 리얼리즘'의 대가, 우리 시대의 체호프,
헤밍웨이 이후 가장 영향력 있는 소설가. 20세기 미국
단편소설의 르네상스를 주도한 카버를 찾아가다

006 **헤밍웨이** × 백민석

20세기 최초의 코즈모폴리턴 작가

4대륙 20여 개의 나라에 흔적을 남긴
코즈모폴리턴 작가 헤밍웨이. 우리 삶 곳곳에 남아 있는
헤밍웨이의 문학적 유전자를 찾아 떠나는 문학 기행

007 **모차르트** × 김성현

천재 작곡가의 뮤직 로드, 잘츠부르크에서 빈까지

10년 2개월 2일, 3,720일의 여행 기간,
인생의 3분의 1을 '길 위에서' 보낸 모차르트.
신동 연주자를 천재 작곡가로 진화시킨 뮤직 로드를 따라 걷다

런던, 파리, 프라하, 빈, 피렌체, 리스본, 도쿄……
12개국 154개 도시!
우리 시대 대표 작가 100인이 내 인생의 거장을 찾아 떠나다

008 **뭉크** × 유성혜

노르웨이에서 만난 절규의 화가

모두 겪었거나, 모두 겪고 있는 삶의 생생한 감정들을
그림에 담은 화가 뭉크. 고독과 절규의 무대 노르웨이,
그리고 뭉크 예술의 영감의 세계로 떠나는 예술 기행

009 **아리스토텔레스** × 조대호

에게해에서 만난 인류의 스승

모든 지식인의 스승, 고전을 낳은 고전, 아리스토텔레스.
위대한 사상의 탄생지 그리스에서 발견하는
자연과 인간에 대한 시대를 뛰어넘은 통찰

서가명강

서울대 가지 않아도 들을 수 있는 명강의

* 서가명강 시리즈는 계속됩니다.

서울대 학생들이 듣는 인기 강의를
서울대에 가지 않아도 듣고 배울 수 있다면?

강연
현장에서
보고!

유튜브
쉽게
다시 보고!

책
소장하여
읽고!

팟캐스트
어디서나
듣고!

AI 스피커
기가지니로
즐기고!

NAVER 네이버와 ▶ 유튜브에서 서가명강 🔍 을 검색하세요.

고 백남준이 로봇을 단순한 기계가 아니라, 인간적 고뇌와 감성을 지닌 것은 물론 죽음까지 경험하는 인간화된 기계로 보여주기 위한 것으로 해석하기도 한다. "기계에 대한 저항으로서 기계를 사용한다"라는 그의 말은 거짓이 아니었다.

세상에 없던
새로운 예술을 꿈꾸다

유쾌한 괴짜들의 향연

　인간은 자연의 한 조각이다. 유아기와 청소년기를 거쳐 청년, 중년, 노년 그리고 죽음으로 이어지는 사이클은 흡사 사계절과도 닮았다. 그런 의미에서 백남준에게 10여 년간의 독일 시대는 안으로 자라났던 봉오리가 꽃으로 활짝 피기 시작한 개화기라고 할 수 있다. 백남준은 독일에서 케이지와 보이스 같은 당대 최고의 전위예술가를 만나고 이들과의 교류를 통해 자신의 삶을 관통하는 예술적 영감을 얻었다. 평생의 스승인 케이지와 예술적 동반자이자 영원한 벗인 보이스를 독일에서 만났다는 의미에서 이 나라는 그가 오랫동안 살았던 미국보다 중요할 수 있다. 또한 독일은 백남준에게 기성예술에 쉴 새 없이 도전하면서 새로운 세계를 창조하는 실험과 파격의 정신을 불어넣었다. 백남준이라는 이름을 예술사에 영원히 남기면서 그가 평생 동안 몰두한 비디오아트가 태어난 곳이 바로 독일이다.

백남준은 1956년에 독일로 건너가 전위적이고 실험적인 음악 공부를 시작했다. 그를 독일로 이끈 것은 쇤베르크였다. 당시 독일은 신음악Die Neue Musik을 통해 쇤베르크의 아방가르드 정신이 새 생명을 얻어 살아 숨 쉬고 있었다. 신음악이란 1919년에 독일의 음악저널리스트 파울 베커가 강의에서 처음 사용한 용어로, 구스타프 말러, 프란츠 슈레커, 페루초 부소니, 쇤베르크에 의해 변모하는, 19세기에서 20세기로의 전환점에 선 독일어권 음악을 아우른 말이다. 이후 전위적이고 실험적인 음악 양식 전반을 통칭하는 용어로 자리를 잡았다.

인도의 콜카타와 이집트의 카이로를 거쳐 독일에 도착한 백남준은 뮌헨에 거처를 마련했다. 그가 어디서, 무엇을 타고 갔는지 확실하게 알려진 것은 없지만 변변한 여객기조차 드물었던 시대였기에 무척 오랜 시간을 들여 독일에 갔을 것이다. 백남준은 뮌헨대학교에 들어가 음악사를 주제로 석사과정을 밟았다. 하지만 전위음악에 온통 마음을 뺏겨버린 그에게 음악사가 눈에 들어올 리 없었다. 그의 영혼이 갈구했던 것은 죽어 있는 옛날이야기가 아니었다. 살아 있으면서도 가장 실험적인 음악이었다.

결국 백남준은 불과 몇 달 만에 보다 자유로운 분위기의 프라이부르크Freiburg im Breisgau 고등음악원으로 옮겨갔다. 프라이부르크는 '자유 도시'라는 뜻의 독일 소도시다. 이곳은 지중해와 북해 그리고 라인강과 다뉴브강을 잇는 무역로의 교차점에 위치한 덕분에 중세 시대부터 교통의 요지로 기능했다. 덕분에 새로운 문물과 함께 새 사상이 이곳을 거쳐갔다. 아이러니하게도 프라이부르크의 자유로운 분위기는 이곳의 서글픈 역사가 만들어낸 산물이다. 프라이부르크는 다른 나라와 인접한 까닭에 수많은 침입에 시달려야 했다. 프랑스는 물론 때로는 오스트리아, 스웨덴, 심지어 스페인의 침략과 지배를 받았다. 이런 역사적 배경 때문에 각국의 문화가 뒤엉켜 발전했고, 그로 인해 이곳 사람들은 새로운 문화를 받아들이는 데 관용적인 태도를 보여왔다. 이런 사회적 분위기의 영향으로 프라이부르크대학교의 학풍 역시 자유롭고 개방적이며 진보적이다. 이 대학은 1547년에 설립된 것으로, 독일에서 가장 오래된 대학 중 하나다. 실존주의 철학자 마르틴 하이데거, 노벨경제학상 수상자인 프리드리히 아우구스트 폰 하이에크, 근대 사회학의 아버지 막스 베버 모두 이곳에서 가르치거나 연구했다.

전통음악을 중시하는 뮌헨대학을 떠나 프라이부르크로 간 백남준은 독일 신음악의 기수 중 하나였던 볼프강 포르트너 교수를 만나게 된다. 프라이부르크 고등음악원에서 교편을 잡고 있던 포르트너 교수는 작곡가이자 지휘자로 명성을 얻고 있었다. 세계 최고의 첼리스트인 므스티슬라프 로스트로포비치가 그에게 첼로 독주곡을 작곡해달라고 부탁할 정도였다. 포르트너 교수가 현대음악에 기여한 것 중 하나는 이 음악원 내에 신음악연구소를 세운 것이다. 백남준은 포르트너 교수에게서 작곡을 배웠다. 포르트너 교수는 아시아에서 온 이 총명한 제자의 특별한 재능을 한눈에 알아보고 그를 무척 아꼈다. 그는 백남준이 전통적인 서양음악보다 쇤베르크의 12음 기법 등 전위음악에 훨씬 더 깊은 관심을 가지고 있음을 알고는 그에게 작품을 보여달라고 했다. 그러자 갑자기 백남준은 가방에서 도

유럽 문화의 교차로, 프라이부르크

독일 남서부에 위치한 도시로, 교통의 요지에 자리하고 있어 12세기 초부터 상업과 문화의 중심지로 발전해왔다. 1457년에 설립한 프라이부르크대학과 독일 고딕양식의 걸작이라고 일컫는 뮌스터성당 등 중세의 분위기를 간직한 건축물이 많이 남아 있다. 일본에서 대학을 마친 백남준은 프라이부르크 고등음악원에 진학해 작곡을 공부했다.

끼를 꺼내 피아노를 파괴하려 하는 것이 아닌가. 피아노가 부서지며 나는 소리 역시 음악이라고 여겼기 때문이다. 이처럼 워낙 독특한 백남준이 포르트너 교수로서도 벅찼던 모양이다. 하지만 다행히도 포르트너 교수는 제자의 앞날을 생각해주는 스승이었다. 그는 "나의 음악 성향과 다른 것 같으니 딴 곳을 찾아보라"라며 당시 전위음악으로 유명한 쾰른의 서독일라디오방송국WDR에 가볼 것을 권유했다. 그러면서 그에게 추천서를 건넸는데, 거기에는 "백남준과 같이 아주 특이한 현상은 맡아 가르칠 수 없다. (…) 그는 프랑스의 작곡가 피에르 셰페르와 미국인 케이지의 실험음악에 관심을 갖고 있다"라고 쓰여 있었다. 덧붙이자면 셰페르는 종소리, 기차 소리 등 일상생활의 소음을 녹음해 이를 조작하고 변형해 하나의 작품으로 구성하는 구체음악을 처음 시작한 인물이다. 포르트너 교수의 추천이 있었지만 불운하게도 백남준은 방송국에서 일하지 못했다. 그 당시 아시아, 그것도 한국이라는 거의 알려지지 않은 나라에서 온 유학생이 일자리를 얻는다는 것은 무척 어려웠다. 그럼에도 1958년 백남준은 현대음악의 메카로 떠오른 쾰른으로 거처를 옮겼고, 1960년부터 쾰른대학교에서 2년간 음악을 공부했다.

1956년 독일로 건너간 이후에 줄곧 방랑자 생활을 했던 백남준은 1년 만에 인생의 커다란 전기를 맞이했다. 1957년과 1958년에 열린 '다름슈타트 국제 신음악 여름 강좌'에서 독일 작곡가이자 전자음악의 개척자인 카를하인츠 슈토크하우젠과 케이지를 만난 것이다. 인생의 갈림길에 놓여 있을 때 누구를 만났는지에 따라 삶이 달라진다고 이야기한다. 새로운 사상을 통해 세상을 보는 관점이 변하기 때문이다. 백남준은 케이지를 만남으로써 삶이 달라지기 시작했다.

그렇다면 다름슈타트 국제 신음악 여름 강좌란 무엇일까? 다름슈타트는 프랑크푸르트에서 남쪽으로 30여 킬로미터 떨어진, 인구 15만 명의 고즈넉한 소도시다. 독일 내에서는 공식적으로 '과학 도시'라고 불릴 만큼 과학 관련 연구 기관이 많이 자리해 있다. 하지만 이와 동시에 이곳에서 국제 신음악 여름 강좌가 열리는 까닭에 음악사에서도 중요한 의미를 지닌다. 이 여름 강좌의 시작은 독일 현대사와 관련 있다. 제2차 세계대전에서의 독일 패망이 세계적인 명성을 얻어온 신음악 여름 강좌 탄생의 직접적인 계기였다.

누구나 인정하듯, 클래식음악에 관해 독일은 역사적으로 다른 어느 나라와 견줄 수 없는 독보적인 위치를 누려왔다. 루트비히 판 베토벤을 비롯하여 요한 제바스티안 바흐, 요하네스 브람스, 빌헬름 리하르트 바그너 등이 이 나라에서 태어났으며, 이곳에서 활동한 작곡가를 일일이 헤아리는 것은 불가능할 정도다. 그뿐만 아니라 걸출한 지휘자와 천재적 연주를 선보이는 음악가가 여름밤 은하수의 별들만큼이나 많다. 적어도 제2차 세계대전 전까지 미술에 있어서 프랑스가 타의 추종을 불허했듯 독일 역시 음악에서는 최고의 나라로 자리매김했다. 하지만 전쟁이 끝나면서 상황이 달라졌다. 독일은 전범국이라는 불명예와 함께 홀로코스트를 일으킨 국가로서 모든 활동이 위축되었다. 음악도 예외가 아니었다. 특히 히틀러가 나치 선전에 음악을 포함한 모든 문화 활동을 이용했기 때문에 많은 예술가가 나치 부역자로 낙인찍혔다.

독일인들은 이런 위기감 속에서 음악계에서의 주도적인 역할을 유지하기 위해서는 신음악을 포함해 모든 장르에서의 연구를 게을리하지 말아야 한다고 생각했고, 내부 결속력을 길러주는 문화 행사가 필요하다고 여겼다. 그 결과물이 바로 다름슈타트 국제 신음악 여름 강좌였던 셈이다. 독일인들의 절박한 마음을 주춧돌 삼아 출발한 이 여름 강좌를 만든 주인공은 음악비평가인 볼프강 슈타이네케와 포르트너 교수였다. 그러니 포르트너 교수의 제자였던 백남준이 여름 강좌를 듣는다는 것은 어쩌면 너무나 당연한 일이었다. 다름슈타트 국제 신음악 여름 강좌는 1970년 이후로는 2년에 한 번씩 열리지만 그 이전에는 매년 열렸다. 따라서 백남준은 1957년과 1958년 연달아 이 행사에 참여할 수 있었다.

다름슈타트 국제 신음악 여름 강좌는 새로운 현대음악에 대한 이론과 작곡 강의 그리고 이를 해석하는 연주 코스로 이루어졌다. 클라리넷, 오보에, 바이올린, 피아노 등 모든 악기와 성악까지 종전의 음악을 새롭게 해석하는 방법과 완전히 다른 음악을 공부한다. 지금은 50여 개국에서 350여 명이 참가한다. 많은 작곡가와 연주가들이 참가하는 행사이기에 새로운 현대음악을 이곳에서 초연하는 경우도 많다. 새 음악을 배우기 위해 전 세계에서 몰려온 자유분방한 젊은이들 사이에서 백남준은 일본에서는 접할 수 없었던 자유와 창조의 정신을 발견했으리라.

내가 다름슈타트를 찾은 때는 본연한 더위가 시작한 초여름이었다. 유럽 특유의 유리알처럼 맑은 공기, 귓가를 스치는 따스한 바람

현대음악의 산실, 다름슈타트 국제 신음악 여름 강좌

강연을 하는 슈토크하우젠의 모습이다. 도쿄대를 졸업한 후 독일로 건너간 백남준은 다름슈타트에서 열린 국제 신음악 여름 강좌에 우연히 참여했다가 평생의 스승인 케이지, 훗날 플럭서스 일원이 되는 슈토크하우젠과 바우어마이스터, 세계적인 작곡가 윤이상을 만나 교류하기 시작했다. 지금도 다름슈타트에서는 2년마다 강좌가 열리며, 50여 개국에서 350여 명이 참가하는 것으로 알려져 있다. 난해한 음악들이 이곳에서 첫선을 보이는 경우가 많아 현대음악의 산실로 각광받고 있다.

이 지금도 생생하다. 다름슈타트는 인도를 거니는 보행자는 물론 거리를 달리는 차도 많지 않은, 너무나 조용하고 평화로운 작은 도시다. 미세먼지로 혼탁한 서울 공기에 찌든 나로서는 천국에 온 기분이었다. 이렇게 맑은 공기를 마신 지가 얼마 만인지 깊은 심호흡을 하면서 잠시 유영하듯 거리를 걸었다. 어디를 가든 유서 깊은 건축물과 함께 유겐트슈틸양식이 눈에 들어왔다. 도시 한복판에는 루이젠광장이 자리 잡고 있고, 그 중심에 헤센공국의 초대 대공이었던 루트비히 1세를 기념한 30여 미터짜리 동상이 세워져 있었다. 밑에서 올려다보니 높다란 붉은색 기둥 위의 루트비히 1세 동상은 하늘을 찌를 듯했다. 이곳에서 15분 정도 걸으니 독특한 탑이 눈에 들어왔다. 루트비히 1세의 결혼에 맞춰 혼인 선서를 하는 손 모양을 본떠 만들었다는 결혼기념탑이었다.

공항에서 빌린 렌터카를 몰고 도심 남쪽 니더람슈태터가에 있는 다름슈타트 국제음악연구소로 갔다. 목적지 입구에 도착하니 길 맞은편에 제법 넓은 전차 차고지가 보였다. 보통 버스나 전차 종점은 도시 외곽에 위치해 있기 마련이니, 음악연구소가 변두리에 자리 잡고 있다는 뜻이 될 터였다. 발길을 돌리니 붉은 지붕의 비교적 아

루이젠광장

다름슈타트에서 가장 큰 광장으로. 한가운데에 도시를 상징하는 루트비히 1세의 동상이 세워져 있다. 루트비히 1세는 헤센공국의 첫 번째 대공으로, 예술을 사랑하고 장려했다고 알려졌다. 고딕건축물들이 광장 주변을 에워싸고 있어 이곳에 발을 내딛는 순간 중세시대로 온 듯한 착각에 빠져들었다.

담한 건물이 보였다. 행사까지 꽤 많은 시간이 남아 있어서 정원을 손질하는 관리인 외에는 별다른 인기척이 없었다. 여름 강좌가 열릴 때면 사람들로 무척이나 북적하리라. 한눈에도 마음씨 좋아 보이는 독일인 관리인에게 다가가 "음악연구소를 구경하기 위해 멀리 한국에서 왔다"라며 말을 건넸다. 처음에는 다소 경계의 빛을 보이는 듯했지만 설명을 듣고는 믿음이 갔는지 내부까지 안내해주었다. 특별히 부탁하지 않았음에도 말이다. 여름 강좌 소개 포스터가 붙은 문을 열고 들어가니 사방이 책과 자료로 빽빽한 대형 책꽂이로 가득했다. 슈토크하우젠, 쇤베르크 등 현대음악의 대가들에 대한 책뿐만 아니라 노란색 파일도 한쪽 서가를 가득 메우고 있어 연구가들에게는 보물창고와 다름없으리라는 생각이 들었다.

여름 강좌는 한두 장소에서만 열리는 것이 아니다. 다름슈타트 예술홀, 디자인하우스, 스포츠센터 등 도심 여기저기에 흩어져 있는 열세 군데의 시설에서 진행한다. 이론 강의와 함께 연주와 공연을 하는 강좌이기에 이처럼 다양한 공간이 필요한 모양이다. 이 장소들을 직접 확인하기 위해 차를 몰고 시내를 돌았다. 강좌가 열리는 건물은 저마다 특색 있었다. 무려 60여 년 전에 이 외딴 소도시에서 20대 중반의 백남준이 세계 각지에서 모여든 현대음악의 기수들과 함께 호흡하며 새로운 예술을 논하고 실험적인 작품을 선보였을 것을 생각하니 감개무량했다.

다름슈타트 국제 신음악 여름 강좌와 관련한 자료를 찾다 보니 이 강좌를 들은 한국인이 백남준만은 아니었다. 훗날 재독 작곡가로 이름을 떨친 윤이상 역시 1958년 다름슈타트에서 〈일곱 악기를

다름슈타트 국제음악연구소

현대음악과 관련된 자료를 빼곡하게 보관하고 있어 연구가들에게 성지와도 같은 곳이다. 프랑크푸르트암마인 공항에서 자동차로 30분 정도 달리면 다름슈타트 외곽에 있는 국제음악연구소를 만날 수 있다. 국제음악연구소는 신음악 여름 강좌가 열리지 않을 때는 찾는 사람이 별로 없어 한적하다.

위한 음악〉을 선보여 주목받기 시작했다. 하지만 그는 이곳에서 고투하며 어렵게 작업하고 있었다. 그가 아내에게 쓴 편지를 보면 그의 고충이 느껴진다.

> 전자음악은 연주가가 필요 없고 전자악기로 이상한 소리들을 배합하여 연주하는 새로운 음향악적 방법의 음악 양식으로 한국에서는 아직 아무도 하는 사람이 없소. (…) 이번 작곡가 모임은 그 부류에 속하는 사람이 대부분이며 나와 같은 정상적인 전통음악을 쓰는 사람은 내가 추산하는 바 2할도 되지 못하는 것 같소. (…) 나는 산더미를 준다 해도 이런 음악을 쓰기는 싫으며, 여기 모인 이 괴짜들을 도저히 따라갈 수가 없소.
>
> ─『여보, 나의 마누라, 나의 애인』, 153~155쪽

반면에 백남준은 여름 강좌 분위기에 잘 적응한 것으로 보인다. 윤이상은 백남준과의 만남을 이렇게 묘사했다.

> 여기 같이 있는 백남준 군은 다행히 머리가 좋고 또 그런 심미안도 있는 것 같소. 그는 유리를 깨고 무대 위에서 피스톨을 쏘아서 그 유리 깨지는 소리와 피아노 소리가 서로 어울리는 것을 실제로 실험해보겠다고 하오. 나는 그에게 그 방면의 장래를 부탁할 수밖에 없소.
>
> ─『여보, 나의 마누라, 나의 애인』, 155쪽

다름슈타트에서 백남준은 첨단 음악 이론을 맘껏 흡수하고 새로운 시도를 활발히 하며 실험적인 음악을 선보였으리라. 하지만 앞서 이야기했듯, 그는 현대음악과의 조우보다 훨씬 더 중요한 사건과 맞닥뜨린다. 바로 케이지와의 만남이었다.

나의 시대는 케이지를 만나기 전과 그 후로 나뉜다

백남준은 다름슈타트에서 마주한 케이지의 음악에 매료되었다. 자신의 시대를 "케이지를 만나기 1년 전인 1957년은 'BC, Before Cage 1년'이라고 불러야 한다. 그러면 AD는 뭐라고 해야 하지?"라고 할 정도였다.

이곳에서 케이지를 만나기 전까지 백남준이 그를 몰랐던 것은 아니다. 미국 캘리포니아 출신의 케이지는 일찍이 일상에서의 소음까지 음악의 범주에 넣어 이를 활용해야 한다고 주장했다. 1948년에는 피아노 앞에 앉아 4분 33초 내내 침묵하는 〈4분 33초〉를 만들어 현대음악계에 큰 반향을 불러일으켰다. 그가 이 작품을 통해 대중들에게 전하려 한 메시지는 침묵 그 자체도 음악이 될 수 있다는 것이었다. 비록 피아니스트가 피아노를 연주하지 않더라도 청중들은 콘서트홀에서 들리는 작은 소음, 심지어 자신의 몸에서 나는 소리라도 들을 수 있으니 침묵 속에서도 자기 나름의 음악을 감상할 수 있다는 것이 그의 철학이었다. 획기적인 발상의 전환이 아닐 수 없다.

케이지가 이런 작품을 만든 데에는 두 차례의 독특한 경험 때문이라고 전해진다. 1951년 그는 하버드대학교의 무향실을 방문했는데 이곳은 방음 시설이 완벽한 곳이었기 때문에 아무런 소리가 들리지 않을 것이라고 예상했다. 하지만 그의 귀에 미세한 소리가 들려왔다. 나중에 의사가 말하기를, 신경계가 작동하고 피가 도는 소리라고 했다. 이때 케이지는 완벽한 침묵 속에서도 어떤 소리를 들을 수 있다는 것을 알게 되었고, 이즈음부터 '침묵'도 음악의 한 요소가 될 수 있음을 깨달았다.

다른 하나는 친구이자 전위미술가인 로버트 라우션버그와의 교류를 통해 체득한 것이었다. 라우션버그는 아무것도 담기지 않은 흰 캔버스를 '흰색 회화'라는 이름으로 선보였다. 비록 텅 빈 캔버스라도 햇빛이나 미술관의 조명 등을 받으면서 나타나는 빛깔과 화면을 관람객 저마다가 느끼며 감상할 수 있다는 것이 그의 미술 철학이었다.

〈흰색 회화〉에서 영감을 얻은 케이지는 음악에서 그와 같은 시도를 했고, 그렇게 해서 나온 작품이 바로 〈4분 33초〉였다. 하지만 〈4분 33초〉는 당시 음악계에서 철저히 외면받았고, 오히려 시각예술가들이 이 작품에서 새로운 예술의 가능성과 확장성 등을 발견하며 적극적으로 수용해갔다. 오늘날 현대예술의 주요 흐름으로 자리 잡은 탈경계가 케이지에게서 출발한 것으로 보는 까닭도 이 때문이다.

백남준이 케이지를 만난 순간부터 완전히 끌렸던 것은 아니다. 오히려 크게 실망했다고 하는 편이 옳다. 그는 "처음으로 케이지의 세미나에 참석했을 때에는 별 흥미를 느끼지 못했다"라고 고백한 바 있다. 미국 출신의 얼치기 선 사상가로 보였던 탓이다. 이 무렵

라우션버그와 케이지

예술에 기반한 전인교육을 추구하며 미국 전위예술 형성에 큰 영향을 미친 블랙마운틴칼리지에서 두 사람은 처음 만나 가까워졌다. 이 대학의 식당에서 라우션버그의 〈흰색 회화〉 발표회가 열렸는데, 이때 케이지가 〈4분 33초〉를 처음 선보였다. 위 사진은 1959년 4월 26일에 촬영된 것으로, 그리니치빌리지에서 열린 파티에서 웃고 있는 라우션버그와 케이지의 모습이다. 그리니치빌리지는 워싱턴광장 일대 지역을 일컫는데, 20세기 들어 전위적인 예술가들이 모여 살기 시작하면서 유명세를 얻었다.

서양에서는 동양철학에 대한 관심이 커져 적잖은 지식인들이 선을 연구했다. 일본 내 선의 본산지인 가마쿠라에서 살았던 백남준에게 는 서양인들이 동양철학을 안다고 떠드는 것이 어쭙잖게 보였으리라. 하지만 케이지의 연주를 듣고 나서 백남준의 인식은 완전히 달라졌다.

케이지는 함께 공연한 미국의 피아니스트 데이비드 튜더와 미국의 작곡가인 모턴 펠드먼의 따분한 곡을 5분 이상 연주했다. 그다음 날도 그는 정말 지루하기 짝이 없는 〈변화의 음악〉을 선보였다. 백남준은 당시 상황을 이렇게 묘사했다. "케이지는 완전히 악마로 돌변해 마치 정원에 모래를 던지듯 청중의 머리에 음들을 던졌다. (…) 유독 케이지만이 너절한 것들을 뱉어낼 용기와 신념이 있었던 것이다." 이 말처럼 그가 케이지에게서 가장 감명을 받은 것은 음악에 대한 믿음을 서슴없이 표현할 줄 아는 신념과 이를 밀고 나갈 용기였다.

백남준은 케이지와의 만남을 통해 얻은 영감을 무한히 발전시켜나갔고, 〈존 케이지에 대한 경의〉라는 소리 콜라주와 퍼포먼스를 만들었다. 그리고 당시 전위예술의 무대로 유명한 뒤셀도르프의 갤러리22에서 이 퍼포먼스를 선보였다. 릴테이프에 클래식음악부터 일상의 소음까지 우리를 감싸는 주변의 다양한 소리를 녹음해 편집한 후 자신이 조작하고 변형한 피아노와 함께 공연했다. 모두 네 개의 장으로 이루어진 이 작품은 시작부터 기괴하다는 표현에 걸맞은 내용이었다. 백남준의 지인이자 작가인 한스 귄터 헬름스가 사다리에 올라가 두루마리에 적힌 악보를 읽는 것으로 1장을 시작했다. 무

1957년 뉴욕에서 공연 중인 케이지와 튜더

케이지는 피아니스트 튜더를 통해 4분 33초 동안 동안 아무것도 연주하지 않고 침묵만을 지키는 〈4분 33초〉를 발표했다. 총 3악장으로 이루어진 이 곡의 악보에는 '침묵tacer'이라고 적혀 있었으며, 튜더는 악장이 끝나고 시작될 때마다 피아노 뚜껑을 열고 닫을 뿐이었다. 〈4분 33초〉 공연을 보고 큰 충격에 휩싸인 백남준은 케이지에게 깊이 빠져들며 열광하기 시작했다.

〈4분 33초〉

대에는 두 대의 피아노(그중 한 대는 아예 건반이 없었다), 테이프레코더들, 깡통들, 장난감 자동차, 플라스틱 기관차 등이 놓여 있었다. 녹음기에서는 베토벤의 〈교향곡 5번 C단조 운명〉(Op. 67), 백남준 자신의 목소리, 젊은 여자들의 비명소리, 세르게이 바실리예비치 라흐마니노프의 〈피아노협주곡 2번 C단조〉(Op. 18), 뉴스 방송 등이 뒤섞여 흘러나왔고, 소음 속에서 백남준이 피아노를 연주했다. 2장에서 그는 한국말로 외치며 방 안을 뛰어다녔다. 3장은 이와 반대로 촛불을 켠 가운데 침묵 속에서 시작했다가 돌연 고막을 찢는 듯한 굉음이 터져 나왔다. 마지막 4장은 더 파괴적이었다. 백남준은 분노에 가득 차 미쳐 날뛰는 사람처럼 행동하다가 돌연 식칼로 피아노 현을 자르고 나중에는 피아노를 뒤집어버렸다. 그리고 소리 콜라주를 담은 릴테이프를 액자에 넣어 같은 제목의 작품으로 남겨놓았다. 현지 언론은 이 공연을 두고 "삶은 달걀만 없었더라면 소름 끼치는 공포극이 되었을 것"이라고 전했다. 백남준이 날계란을 캔버스에 던지려 했는데 실수로 삶은 달걀을 가져왔다고 한다.

이 퍼포먼스로 백남준은 독일 사회에서 단숨에 주목을 받았다. 당시 유럽 전역에 분 케이지 열풍 속에서 그의 예술 세계를 작품에 녹여내 표현한 이가 독일인이 아니라 아시아 변방에서 온 사람이라는 점만으로도 화젯거리였다.

작품의 제목에서 알 수 있듯이, 〈존 케이지에 대한 경의〉는 백남준이 케이지에 대한 존경의 마음을 담아 만든 것이다. 그는 케이지에게서 기존의 전통적인 사고에서 벗어나 세상의 모든 소음, 심지어 침묵까지도 음악이 될 수 있음을 배웠다. 이 작품은 그런 사상에 기초해 온갖 잡다한 소음 그리고 피아노를 뒤엎는 소리까지 음악으로 승화하려는 노력의 일환인 셈이었다. 백남준은 이 작품에 앞서 "케이지가 무작곡을 했다면, 나는 무음악을 추구하겠다"라고 이야기했다. 자신에게 예술적 영감을 준 케이지를 뛰어넘기 위해 노력했던 것이다.

예술계에 새롭게 떠오른 앙팡테리블

세계예술사에 한 획을 그은 백남준은 여러 얼굴을 가지고 있다. 가장 먼저 떠오르는 이미지가 '비디오아트의 창시자'라는 타이틀이다. 하지만 이 못지않게 미술계에 전해져오는 모습 가운데 하나는 전위예술가로서의 백남준이다. 그는 당시 독일에서 시작해 곧바로 사방으로 뻗어나가 예술계를 휩쓴 플럭서스 운동의 초기 멤버이자 잘나가는 행위예술가 가운데 하나였다. 라틴어로 '흐름' '끊임없는 변화' '움직임'이라는 뜻의 플럭서스는 머추너스가 만든 용어다. 그는 1950년대 말 진보적 학풍으로 유명한 뉴욕의 뉴스쿨에서 케이지로부터 현대음악을 배웠고, 그의 사상에 깊은 영향을 받아 기존 예술에 반기를 드는 플럭서스라는 전위적인 예술 운동을 시작하면서 "무엇이든 예술이 될 수 있고, 누구나 예술을 할 수 있다는 것을 증명해야 한다"라고 이야기했다.

플럭서스는 제1차 세계대전 이후 기존 질서를 거부하고 저항했던 미술 사조인 다다이즘에서 큰 영향을 받았다. 그래서였을까? 머추너스는 자신과 같은 전위예술가들을 '네오 다다이스트'라고 부르기를 원했고, 독일 다다이즘의 핵심 멤버이자 조각가인 라울 하우스만에게 이러한 뜻을 내비치는 편지까지 보냈다. 하지만 하우스만으로부터 "네오란 말에는 별다른 의미가 없으니 차라리 플럭서스를 계속 쓰라"라는 답장을 받아 머추너스가 이를 포기했다고 한다.

그러던 중 머추너스는 1961년 운명처럼 뉴욕을 떠나 서독에 주둔 중인 미군 부대의 그래픽 디자이너로 일하게 된다. 이것이 도화선으로 작용해 독일 내에서도 플럭서스 운동이 본격적으로 불붙기 시작했다. 그는 당시 독일 내 전위음악을 이끌던 슈토크하우젠과 의기투합해 플럭서스 예술을 본격적으로 소개하는 행사를 기획했다. 이것이 바로 1962년 9월 1일부터 20여 일간 비스바덴 시립미술관에서 열린 악명 높은 '플럭서스 국제 신음악 페스티벌'이다. 이 행사에 참여한 예술가들은 기존 관념으로는 도저히 예술이라고 부를 수 없는 온갖 해괴한 퍼포먼스를 선보였다. 멀쩡한 피아노를 톱질해 완전히 분해했던 미국의 작곡가 필립 코너란 인물도 있었으며, 미국의 전위음악가 조지 브레히트는 전구를 계속 켰다 껐다 하는 행위를 반복해 세간의 화제를 모았다. 백남준은 바이올린을 천천히

플럭서스 국제 신음악 페스티벌
삶과 예술의 조화를 기치로 내건 플럭서스 예술가들은 비스바덴을 시작으로 베를린, 뒤셀도르프 등 독일의 주요 도시에서 페스티벌을 개최했다. 당시 백남준은 비스바덴에서 열린 페스티벌에서 자신의 머리에 먹물을 묻혀 붓이 된 것처럼 그림을 그리는 〈선을 위한 머리〉와 바이올린을 내리쳐 산산조각 내는 〈바이올린 솔로를 위한 하나〉 등 난해하고도 과격한 퍼포먼스를 선보여 관객들에게 충격을 안겨주었다.

들어 올렸다 순식간에 책상 위에 내리쳐 산산조각 내는 〈바이올린 솔로를 위한 하나〉를 선보였다. "이런 것이 무슨 예술이냐"라는 악평이 쏟아졌으며, 현지 언론은 "정신병자들이 병원에서 탈출했다"라고까지 표현했다. 그럼에도 이 충격적인 전위예술에 대한 사람들의 관심을 끄는 데는 크게 성공했다. 이 페스티벌을 계기로 플럭서스 예술가들은 파리, 암스테르담 등 유럽 각지로 퍼져나가 새로운 전위예술을 본격적으로 전파하기 시작했다.

이 무렵 거리낌 없이 활동하던 백남준은 자신과 비슷한 사고방식과 성향의 예술가 그룹과 교류하면서 더욱 과격해졌다. 그는 다름슈타트 국제 신음악 여름 강좌에서 만난 마리 바우어마이스터와 가까워졌는데, 그녀는 미술학도였음에도 전위적 음악을 호흡하기 위해 이 여름 강좌에 참여했던 것이다. 유전학 및 인류학 교수인 아버지와 가수인 어머니 사이에서 태어난 바우어마이스터는 어릴 적부터 예술에 남다른 재능을 보였다. 미술을 전공한 그는 20대 때부터 전업 작가로 활동하면서 전위예술가들과 어울렸고 플럭서스 운동과 함께 누보 레알리슴의 영향을 받으며 자신만의 예술 세계를 구축해나갔다.

1960년 바우어마이스터는 쾰른에 있는 자신의 아틀리에에 백남준을 초대하여 작은 공연을 열었다. 백남준은 〈피아노포르테를 위한 연습곡〉이라는 과격한 퍼포먼스를 선보였는데, 그 자리에는 서독일라디오방송국 초청으로 쾰른에 온 케이지도 있었다. 백남준은 공연이 시작하자 유리를 치거나 긁으면서 묘한 공포감과 기괴적인 분위기를 조성했다. 그러다 돌연 가위를 들고 나타났다. 얼마든지 홍기로 쓸 수 있는 물건이었다. 그러고는 관중석으로 다가가더니 케이지의 넥타이를 싹둑 잘라버렸다. 그뿐만 아니라 케이지에게 샴푸를 뿌리고 머리를 감기는 등 파격적인 퍼포먼스를 선보였다. 사전에 협의한 것이 아니었음에도 케이지는 그저 미소만 띄운 채 별다른 저항도 제지도 하지 않았다. 그가 맨 넥타이는 스즈키 선사에게서 선물받은 것으로, 백남준도 이 사실을 잘 알고 있었다. 훗날 백남준은 케이지가 넥타이를 매고 다니는 것이 마음에 들지 않아 즉흥적으로 그런 행동을 취했다고 이야기했다. 이러한 전대미문의 퍼포먼스를 감행한 후 백남준은 공연 도중 돌연 사라져버렸다. 곧이어 관객들과 함께 그의 행방을 궁금해하던 바우어마이스터는 따르릉 하며 울리는 전화 한 통을 받았다. 건물 밖 공중전화 부스에서 "공연은 끝이 났다"라고 알리는 백남준의 전화였다. 시작부터 끝까지 파격이 거듭된 공연이 아닐 수 없었다.

개방적 예술가였던 바우어마이스터는 쾰른 중심가에 스튜디오를 얻은 뒤 이를 온갖 전위예술의 공연장으로 사용했다. 백남준 역시 이곳을 애용하던 젊은 예술가 중 하나였다. 이 스튜디오는 쾰른 중심부의 린트가세Lintgasse 28번지에 자리해 있다. 관광 안내 사무소에서 받은 지도를 보며 그곳을 찾아갔다. 지금은 가정집으로 쓰이는지 별다른 간판이 없는 데다가 너무나도 평범해 눈에 띄지 않았다. 5층짜리 건물의 1층에는 독일식 술집이 들어서 있었다. 유리창을 검게 코팅한 탓에 내부를 거의 볼 수 없었다. 플럭서스 예술가들은 이 건물의 맨 꼭대기 층에서 수많은 파격적인 퍼포먼스를 공연했다.

바우어마이스터의 스튜디오가 있던 린트가세 28번지

사진 가운데 흰색 건물이 바우어마이스터가 스튜디오로 썼던 곳이다. 그녀의 스튜디오는 훗날 플럭서스로 명명되는 작가들의 전위적인 퍼포먼스가 초연된 실험장과 다름없었다. 바우어마이스터는 쾰른의 국제현대음악학회가 추진한 고답적이고 보수적인 축제에 반기를 들어 자신의 스튜디오에서 '반—축제'를 기획해 선보이기도 했다.

이곳에서 1분 정도 걸어가니 푸르른 라인강이 나왔다. 강변을 따라 쭉 늘어선 카페에는 관광객들이 눈부신 햇빛 속에서 한가롭게 맥주를 마시고 있었다. 이 도시가 백남준을 비롯한 많은 전위예술가들의 퍼포먼스가 숱하게 이루어졌던 역사의 현장이라는 것을 이들은 알고 있을까. 불현듯 관광객들에게 이 같은 사실을 알려주고 싶은 충동이 일었다.

백남준은 쾰른에서 어떻게 살았을까. 이곳에서의 그의 생활을 바우어마이스터만큼 잘 아는 이도 없을 것이라는 확신에 가까운 생각이 들었다. 독일에 가기 전 이곳저곳을 수소문해보니 다행히 그녀는 건강히 활동 중이었고, 한국에서 찾아오는 이들도 기꺼이 만나준다고 했다. 그리하여 나는 그에게 메일을 보내 인터뷰 약속을 잡았다.

약속 날짜에 맞춰 찾아간 그의 스튜디오는 쾰른에서 동쪽으로 20여 킬로미터 떨어진 뢰스라트Rösrath라는 작은 마을에 있었다. 완만한 고갯길 바로 옆에 위치한 스튜디오는 짙푸른 숲속에 둘러싸인 이층집이었다. 직원의 안내를 받아 실내로 들어서니 온통 그녀의 작품들로 가득했다. 작은 돌, 스티로폼, 심지어 빨대를 붙여서 만든 작품들이 여기저기에 걸려 있었다. 색깔과 느낌도 다양했다. 어떤 것은 핑크빛으로 화려한 느낌이었던 반면, 지독히도 우울함을 주는 작품도 있었다. 무척이나 독특한 소재를 사용하면서 다양한 이야기를 들려주는 작가라는 것이 나의 첫인상이었다.

응접실에서 잠시 기다리자 풍성한 흰색 블라우스에 흰색 바지를 입은, 편안한 차림의 바우어마이스터가 나타났다. 훤칠하게 큰 키에 당당한 풍채 그리고 카랑카랑한 목소리. 만났을 당시 여든두 살이라는 나이가 믿기지 않을 만큼 그에게서는 에너지가 흘러넘쳤다. 그는 인터뷰를 하는 동안 백남준의 이야기가 나오자 즐거운 추억을 떠올리는 듯 입가에 미소를 지었다. 백남준이 얼마나 뛰어난 천재였으면서 괴짜였는지를 말하는 그의 말투에서는 애정이 듬뿍 묻어났다.

다음은 바우어마이스터와의 인터뷰 내용이다.

— 백남준과 어떻게 만났나.

다름슈타트 국제 신음악 여름 강좌에서 케이지의 강의를 같이 들었다. 그 후 뒤셀도르프에서 열린 공연에 갔었는데 당시 백남준은 타시슴(tachisme, 물감 등의 번지는 특성을 활용한 기법)적인 작품을 만들기 위해 날계란을 캔버스 위로 던지는 퍼포먼스를 선보였다. 일종의 액션페인팅인 셈이다. 하지만 어떻게 된 일인지 계란의 내용물이 흘러내리지 않았다. 알고 보니 날계란이 아닌 삶은 계란을 던졌다고 한다(웃음).

— 1960년대에 예술가들을 쾰른으로 이끈 것은 무엇이라고 생각하나.

당시 쾰른은 전위예술가들의 메카였다. 서독일라디오방송국이 전자음악을 비롯한 실험적인 첨단음악을 중시하면서 유럽은 물론 전세계 예술가들이 이곳으로 몰려들었다. 마치 '금수의 왕' 같았다고 할까. 또 이 도시에서 최초의 첨단음악 축제가 열려 수많은 예술가들이 왔다. 호텔에서 지낼 돈도 없어 내 스튜디오 옆방에서 열 명이 한꺼번에 잔 적도 있었다. 이들은 가난했지만 음악, 미술, 건축 할 것 없이 자신들의 분야에서는 최고의 인재들이었다. 그래서 서로가 서로를 자극하고 영감을 주었다. 유럽에는 살롱 문화라는 것이 있는데, 예술가들을 초대해 서로 교류한다. 그래서 사람들은 내 스튜디오를 '로렐라이 살롱'이라고 불렀다.

— 백남준의 쾰른 생활은 어떠했나.
백남준은 일부러 가난한 척을 했다. 아방가르드 예술가가 되기 위해서는 가난해야 한다고 믿었던 탓이다. 가난뱅이가 아니면 다른 전위예술가들이 받아주지 않았다. 하지만 그는 1960년대 초에 독일에서는 방송국이 아니면 누구도 소유하고 있지 않았던 비디오카메라를 가지고 있을 만큼 부유했음에도 자신이 가난하다는 이미지를 만들기 위해 노력했다. 우리는 가난하지 않게 보이도록 옷을 입었는데, 남준은 부러 없어 보이도록 입고 다녔다. 그러던 어느 날 그의 형이 쾰른에 온다고 해서 우리는 돈을 모아 그에게 양복과 넥타이를 사주었다. 그런데 딱 하루가 지나자 그 양복이 헌 옷처럼 보이는 것이 아닌가. 백남준은 일부러 그렇게 보이게끔 하고 다녔다.

— 당시 쾰른의 예술가들은 모두 가난했나.
그 당시에 이곳 예술가들은 빵과 감자에 마요네즈를 발라 먹는 것이 고작이었다. 수입도 변변치 않았지만 음식에 돈을 쓰는 것 자체를 터부시한 분위기도 한몫했다. 정말 어쩌다 백남준을 비롯한 우리는 값싼 중국 음식점에서 양껏 먹기도 했다. 그곳에서의 외식이 모처럼의 파티였던 셈이다.

— 경제적 여유가 전혀 없었나.

당시 우리는 너무나 배가 고팠다. 어느 정도였는가 하면 동료 중에 디자이너 겸 기자가 있었는데, 시내에서 리셉션이 열리면 우리는 2마르크를 모아 그에게 쥐여주면서 그곳에 가도록 했다. 그에게는 아주 품위 있는 검은색 양복이 있어서 그것을 입고 리셉션장에 가더라도 전혀 이상하지 않게 보였다. 입구에서 초대장을 보여달라고 하면 그는 "아, 택시에 두고 내렸네"라고 둘러댔다. 연기까지 하며 행사장으로 들어간 뒤에는 호주머니에 넣어둔 비닐봉지에 온갖 음식을 담아 밖으로 가지고 나왔다. 그러면 목이 빠지게 먹을 것을 기다리던 우리의 축제가 시작되었다. 지금은 상상하기 어렵겠지만 그만큼 우리는 가난했다.

— 백남준은 어디에서 살았나.

그는 침대도 없이 테이블과 온갖 잡동사니뿐인 지하 창고에서 살았다. 그 혼돈의 세상 속에서도 희한하리만큼 멋진 예술을 창조해냈다. 미적 조형성의 측면에서는 뛰어나지 않지만 의식의 깊숙한 곳을 찌르는 〈TV 부처〉와 같은 걸작을 만들어냈다. 그는 진정한 천재였다.

— 백남준이 쾰른 스튜디오에서 추구한 예술은 무엇이었나.

아나키스트였던 그답게 아나키즘을 생산해냈다. 그 당시 독일에서

백남준과 바우어마이스터

인터뷰가 끝나자 바우어마이스터는 자신이 간직해온 백남준의 사진을 스캔해서 나에게 건네
주었다. 어디에도 공개된 적 없는 회귀한 사진들이었다. 사진 속의 두 사람은 20대라는 나이에
걸맞게 무척이나 싱그럽고 아름다웠다. 바우어마이스터는 백남준보다 먼저 뉴욕으로 건너가
그곳에서 자신의 예술을 꽃피웠다. 그녀는 뉴욕에서 라우션버그, 재스퍼 존스 등 전위예술가
들과 교류하고 활동하며 뉴욕의 보니노갤러리에서 여러 번 개인전을 열었다. 백남준도 그곳에
서 전시회를 열었는데 당시 그녀로부터 많은 도움을 받았다고 한다.

는 부르주아들이 다시 득세하기 시작했다. 우리는 예술을 통해 자본주의, 즉 돈만 좇는 잘못된 의식의 변화를 이끌어내고자 했다. 무분별한 인간의 탐욕이 잘못이라고 생각했다. 제2차 세계대전에서 패망하고도 다시 관료주의와 군대가 득세하는 모습을 믿을 수 없던 우리는 예술을 통해 목소리를 내기 시작했다. 우리에게 예술이라는 것은 자유를 위한 갈구였다.

— 백남준의 예술을 한마디로 표현한다면.
그는 피아노로 아름다운 클래식음악을 연주하다가 돌연 자기 멋대로 과격한 소리를 내곤 했다. 그는 어떤 선율이 그다음에 이어질 것이라는 청중들의 예상을 완전히 깨부수고 전혀 다른 음악을 들려주었다. 뒤샹처럼 예술에 대한 관념을 바꾸어버렸다. 백남준은 예술로 사람들을 깨어나게 해야 한다고 여겼다.

1960년대 초의 독일은 전위예술의 부흥기였다. 전후 독일에서는 자본주의가 온 사회를 휩쓸면서 온갖 부작용이 나타났다. 기록적인 인플레이션에 빈부 격차의 확대로 사회적 불만이 쌓여 있었다. 이러한 사회적 모순을 격파해야 한다는 시대정신이 예술가들 사이에 팽배해지면서 전위적인 흐름이 대세를 이루었다. 이와 함께 정치권력에 대항하는 아나키즘 같은 급진적인 사상이 풍미해 많은 젊은이가 이에 빠져들었다. 백남준도 그중 하나였다. 그는 아나키스트를 자처하면서 시동 걸린 오토바이를 건물 안으로 끌고 들어와 배기가스를 내뿜는 등 바우어마이스터의 스튜디오에서 권력을 조소하고 경멸하는 퍼포먼스를 계속 감행해나갔다.

백남준이 독일에서 전위음악을 공부하고 예술가로서 활동하고 있을 1950~1960년대 무렵에 미국을 중심으로 현대미술의 한 장르인 '액션페인팅'이 한창 유행하고 있었다. 액션페인팅이란 화가가 붓 등을 사용해 자신이 의도하는 형태를 그리는 것이 아니라 바닥에 펼쳐놓은 캔버스 위에 물감을 흘리고, 끼얹고, 쏟아붓는 행위를 통해 작품을 만들어내는 회화 운동으로, 결과보다는 그리는 행위 자체를 중요시한다. 액션페인팅을 대표하는 작가로는 미국 현대미술의 기수로 꼽히는 잭슨 폴록이 있다.

이런 흐름이 유행하자 가만있을 백남준이 아니었다. 그는 액션페인팅을 음악에 도입해 '액션뮤직'이라는 새로운 예술 세계를 만들어냈다. 연주자가 작곡가가 만든 악보의 지시에 따라 정확하게 악기를 연주하는 것을 '구음악'이라고 한다면, 팔과 다리와 머리 등 신체를 써서 즉흥적인 소리를 내는 것을 '신음악'이라고 백남준은 정의했다. 예컨대 피아노 건반을 팔 전체로 치거나 바이올린을 책상 위로 내리쳐 부수어버리면서 즉흥적으로 나오는 소음 등이 액션뮤직에 속했다. 한마디로 액션뮤직은 주어진 악보를 그대로 연주하는 기존의 방식과는 완전히 다른, 우연성이 개입한 예술이었다.

백남준의 작품 중에서는 〈걸음을 위한 선〉이 액션뮤직의 대표적인 예다. 그는 바이올린, 숟가락 등 여러 가지 물건을 바닥에 끌면서 천천히 걸어가는 퍼포먼스를 선보였다. 실제 공연에서 사용한 것은 낡은 샌들로, 작은 종과 사슬이 감긴 이집트 석조 두상이 달려 있어 걸을 때마다 소리가 났다. 그의 액션뮤직은 음계와 화성 조합을 기초한 서양 고전음악의 해체를 알리는 신호일 뿐만 아니라 소리와 행위 그리고 음악의 구분을 넘어서는 새로운 예술의 시작이었다. 백남준은 액션뮤직 퍼포먼스로 독일 예술계의 이단으로 이름을 떨치기 시작했다.

바우어마이스터와 슈토크하우젠이 함께 기획하여 1961년 쾰른에서 초연한 〈오리기날레〉에서 백남준의 활약은 단연 화제였다. 그는 〈오리기날레〉 공연마다 즉흥적인 퍼포먼스를 선보였지만 적어도 자신이 작곡한 〈심플〉과 〈머리를 위한 선〉은 빠뜨리지 않았다. 먼저 〈심플〉은 연주가가 다음과 같이 작곡가의 지시를 따라야 하는 작품이다.

1. 관객 쪽으로 완두콩을 던져라.

2. 몸에 면도 크림을 발라라.

3. 면도 크림 위에 쌀을 부어라.

4. 두루마리 종이를 천천히 펼쳐라.

5. 물웅덩이에 들어가라.

6. 다시 나와서 아기용 고무젖꼭지를 입에 물고 피아노를 연주하라.

보통의 정상적인 연주가라면 엄두도 못 낼 일들이었다. 하지만 작곡가이자 연주가인 백남준은 이런 해괴한 지시 내용을 고스란히 이행했다.

〈머리를 위한 선〉은 〈심플〉 이상으로 독특한 작품이다. 백남준은 미니멀리즘 음악의 대가인 라 몬테 영의 〈(밥 모리스를 위한) 작곡

1960 10번〉을 재해석하여 〈머리를 위한 선〉을 공연했다. 라 몬테 영의 작품은 단순했다. '직선을 하나 긋고 그것을 따라가라'가 스코어의 전부였다. 여기서 스코어란 합주나 합창을 할 때, 한눈에 전체의 곡을 볼 수 있도록 악기별 혹은 성부별로 된 여러 악보를 함께 모아 적은 것을 말한다. 백남준은 연주자가 스코어를 보고 악기를 연주하듯 누구나 예술을 할 수 있다는 것을 사람들에게 보여주기 위해 다음과 같은 퍼포먼스를 기획했다. 먼저 검은색 잉크와 토마토 주스를 섞은 액체 속에 머리를 집어넣어 적신 다음에 4미터나 되는 기다란 흰색 종이 위를 기어가며 머리카락으로 그림을 그렸다. 당시 공연 장면이 영상으로 남아 있는데, 진지하게 퍼포먼스를 하는 백남준과 달리 무엇이 재미있는지 깔깔거리며 박수하는 관객들의 모습이 대비를 이룬다. 미국 출신의 큐레이터이자 미술사가인 글렌 애덤슨은 이 퍼포먼스를 "과격한 행동과 동양의 서예가 결합한 작품"이라고 평가했다.

영원한 친구 보이스를 만나다

백남준에게 가장 큰 영향을 준 스승이 케이지라면, 평생의 예술적 동지는 보이스라고 할 수 있다. 그러니 보이스가 어떤 인물인지를 안다면 두 사람의 관계를 이해하는 데 도움이 될 것이다.

백남준보다 열한 살 위인 보이스는 독일의 서부 뒤셀도르프 근처에서 태어났다. 어릴 적 소아과 의사를 꿈꾸었다는 그는 남들이 겪

예술을 통한 혁명을 꿈꾼 보이스

보이스와 백남준은 예술적 동반자이자 절친한 친구 사이로, 두 사람은 무명 시절부터 우정을 쌓아나가며 서로의 작품에 참여하곤 했다. 훗날 백남준은 무명 시절에 보이스를 만난 것은 행운이었다고 회고했다. 보이스는 미술을 통해 사회 구조의 억압을 제거할 수 있다고 믿었으며 이를 실천에 옮기기 위해 노력했다. 1982년 제7회 도큐멘타에 초대된 그는 카셀에 7,000그루의 떡갈나무를 심었는데, 이는 콘크리트로 뒤덮여 황량하기 그지없던 카셀을 울창한 숲으로 뒤덮인 도시로 바꾸는 것 또한 예술이라고 생각했기 때문이다. 그에 대한 미술계의 평가는 매우 극단적인데, 한편에서는 그의 독창적인 예술성을 치켜세우는 반면, 다른 한편에서는 거짓말로 사람들을 현혹시키는 사기꾼으로 여겼다.

기 힘든 특별한 경험으로 새로운 삶을 살게 되었다. 앞서 이야기했 듯이 보이스가 스물두 살이 되던 1943년은 제2차 세계대전이 한창 이던 때로, 당시 그는 고등학교를 졸업한 후 공군에 입대해 전투기 부조종사로 비행하다가 크림반도에서 격추당하는 사고를 겪었다. 이 일로 조종사가 숨졌으나 다행히 보이스는 추락 지점에 살던 타 타르족에게 구조되어 목숨을 건졌다. 타타르족은 체온이 떨어지는 것을 막기 위해 보이스의 몸을 동물의 지방과 펠트 천으로 감싸 치 료해주었다고 한다. 이는 그의 기억에 의지한 것이기 때문에 신빙 성이 희박하며, 예술계 내에서도 이 사건을 둘러싼 의견이 분분하 다. 여하튼 이 일을 계기로 보이스는 작품에 동물의 지방과 펠트를 자주 사용했다.

종전 이후 보이스는 미술가의 삶을 선택했다. 그는 고향에 있는 뒤셀도르프 예술 아카데미에 입학해 조각을 수학했다. 그렇다고 해 서 그의 관심이 조각에만 있었던 것은 아니다. 그는 당시 독일을 풍 미했던 전위예술에 깊은 관심을 가지며, 과격한 퍼포먼스 공연을 부지런히 쫓아다녔다. 백남준을 처음 만난 곳도 바로 그런 공연장 이었다.

1961년 여름, 두 사람의 첫 대면이 이루어졌다. 뒤셀도르프의 슈 멜라갤러리Galerie Schmela에서 열린 그룹 제로 전시회 오프닝장에서 백남준은 날카로운 눈초리의 한 사나이를 만났다. 그 사나이는 1년 반 전 펼쳐진 백남준의 공연 장면뿐만 아니라 그가 입은 옷도 정확 하게 기억했다. 백남준에게 인사한 이 사나이는 "내가 독일과 네덜 란드 국경 근처에 큰 작업실을 갖고 있으니 와서 연주해줄 수 없느냐"라고 부탁했다. 바로 보이스였다. 그러나 백남준은 대답하지 않았다.

두 사람의 운명적인 재회는 1년 뒤인 1962년 5월 뒤셀도르프의 카머슈필레Kammerspiele 공연장에서 이루어졌다. 당시 백남준은 〈바이올린 솔로를 위한 하나〉라는 퍼포먼스를 하고 있었다. 바이올린을 아주 느린 속도로 들어 올린 뒤 인정사정없이 책상 위로 내리쳐 산산조각을 내는 그의 트레이드마크 같은 퍼포먼스였다. 공교롭게도 관객들 사이에 뒤셀도르프 교향악단의 바이올린 주자가 있었고, 그는 바이올린이 부서지는 광경을 목격하자 자신도 모르게 "바이올린을 살려달라"라고 외쳤다. 그러자 객석에 앉아 있던 건장한 체구의 사나이가 "이봐, 공연을 방해하지 마"라고 고함을 질러대며 바이올린 주자를 공연장 밖으로 내쫓았다고 한다. 이 사나이가 바로 보이스였다. 백남준은 이 덕에 무사히 공연을 마칠 수 있었다. 막이 내리자 보이스는 백남준에게 다가가 자신이 교수로 있는 뒤셀도르프 예술 아카데미에 와서 단독 공연을 하지 않겠느냐고 제안했다.

독일 내에서 가장 유명한 예술대학인 만큼 이곳에서 단독 공연을 한다는 것 자체가 대단한 영예였다. 그럼에도 백남준은 자신의 단독 공연 대신에 플럭서스 예술가 모두를 위한 행사를 마련해줄 수 없느냐고 보이스에게 역으로 제안했다. 개인의 활동보다는 공동 작업을 숭상하는 플럭서스의 원칙에 따른 것이었다. 결국 보이스는 이 같은 백남준의 제안을 받아들였다.

공연은 1963년 2월에 열렸다. 백남준과 플럭서스 예술가들은 보이스 덕에 마음껏 끼를 발산할 수 있었다. '음악, 반음악, 악기의 극

1961년 슈멜라갤러리에서 열린 제로 전시회

1950년대 후반 유럽 전역에서 전통 미술과의 결별을 선언하는 전위적인 예술가 그룹이나 미술 운동들이 동시다발적으로 생겨났다. 독일의 뒤셀도르프에서는 '제로', 프랑스에서는 '누보 레알리슴', 이탈리아에서는 '그루포 엔', 스페인에서는 '에키포 57'이 태동했다. 이 중에서 제로 는 기존의 미술을 제로zero라고 규정하고 영에서 다시 시작하자는 의미로, 1957년에 독일 출신의 예술가 하인츠 마크와 피네가 결성하고 1961년에 위커가 합류해 예술이 나아가야 할 방향을 모색하다가 1966년 해체를 선언했다.

장'이라는 제목으로 열린 이 공연에서 백남준은 상상조차 할 수 없을 만큼 과격한 작품을 무대에 올리려고 했다. 바로 〈젊은 페니스의 교향곡〉이었다. 열 명의 젊은이들이 발가벗은 채로 커다란 종이 뒤에 서서 한 명씩 성기로 종이를 뚫어 관객들에게 내밀도록 구성한 작품이다. 하지만 공연을 상연했을 때의 파급력을 고려해 성기 대신 손가락을 내미는 것으로 내용을 수정했다. 작품의 과격성을 스스로도 느꼈는지 백남준은 1984년쯤이나 그 이후에야 대중들에게 이 작품을 선보일 수 있을 것이라고 내다보았다. 실제로는 이보다 빠른 1975년에 미국의 샌프란시스코에서 본래 구상대로 공연이 이루어졌다.

보이스는 백남준보다 더욱 파격적인 퍼포먼스를 선보였는데, 피아노와 죽은 토끼를 이용한 〈시베리아 교향곡〉이었다. 죽은 토끼를 칠판에 매단 뒤 칼로 심장을 도려내고 이 심장을 죽은 토끼와 함께 걸어둔 것이다. 그러고는 그 앞에서 피아노곡을 연주했다. 일반인들은 도저히 이해할 수 없는 잔인하고 난해한 작품이 아닐 수 없었다.

괴짜끼리는 통했던 것일까. 이 사건 이후 두 사람은 플럭서스의 대표적인 아티스트로서 평생을 가깝게 지낸다. 특히 백남준은 보이스가 독일 최고의 예술가로 떠오른 뒤에도 자신을 진정한 벗으로 대해준 데 대해 진심으로 감사해했다.

백남준과 깊은 인연을 맺었던 뒤셀도르프 예술 아카데미는 푸른 빛이 아름다운 라인강 변에 위치해 있다. 웅장한 중세풍 건물이 인상적인 이 학교는 1773년 개교 이래 오토 피네, 귄터 워커 등 수많은 거장을 배출한 독일 최고의 예술학교로 손꼽힌다. 학교 주변의

뒤셀도르프 예술 아카데미

보이스, 리히터 등 독일 최고의 현대예술가를 배출한 미술학교로 유명하다. 백남준은 보이스의 제안으로 이곳에서 플럭서스 예술가들과 함께 '음악, 반음악, 악기의 극장'이라는 페스티벌을 열었다. 그는 기획자로서뿐만 아니라 공연자로도 여러 퍼포먼스에 참여했는데, 그중 남성들의 성기를 활용한 매우 도발적인 두 개의 작품인 〈젊은 페니스의 교향곡〉과 〈플럭서스 챔피언 콘테스트〉를 선보였다. 음악에서 성을 터부시하는 관행을 깨뜨리고 싶어 한 그의 생각은 이때부터 시작한 것 같다. 훗날 백남준은 오랜 친구이자 조각가인 크리케의 제안을 받아 1978년부터 20년 가까이 뒤셀도르프 예술 아카데미의 교수로 재직했다.

풍경만으로도 이곳이 예술가들의 거리임을 한눈에 알 수 있었다. 학교에서 도심으로 연결된 큰길 양쪽에는 물감과 캔버스 등을 파는 미술용품점으로 가득했다. 길 한가운데에는 팔짱을 낀 젊은 여인의 모습을 한 청동상이 서 있었다. 큰길과 이어진 골목으로 접어드니 온통 술집이었다. 해가 질 무렵이면 이곳 맥줏집으로 몰려와 예술 이야기로 질펀하게 취한 젊은 예술가들의 모습이 눈에 선했다. 백남준도 이들처럼 공연이 끝난 뒤 플럭서스 멤버들과 함께 떠들썩하게 예술을 논하지 않았을까.

비디오아트의 탄생

이 무렵, 기괴한 퍼포먼스를 잇달아 선보이던 백남준의 머리 한쪽에서 신세계가 열리고 있었다. 귀로 듣기만 하던 음악을 눈으로 보는 시각예술로 탈바꿈해보자는 획기적인 아이디어였다. 어릴 적부터 음악적 감수성이 남달랐던 그로서는 충분히 생각해볼 만한 시도였다. 백남준은 어떤 일을 하기로 작심하면 그 끝을 보는 성격이었다. 그러니 아이디어 실행을 위한 방법을 찾는 데 몰두했다. 그가 생각해낸 묘안은 그 당시에 본격적으로 발전하던 비디오테크놀로지를 이용하는 것이었다. 비디오는 새로운 영역이었지만 백남준은 퍼포먼스에 새로운 매체를 사용하는 것에 주저하지 않았다. 그는 관객들로 하여금 테이프 녹음기를 멋대로 조작하게 하고, 그 녹음기에서 나오는 소리를 퍼포먼스에 활용하고자 했다. 이를 통해 플럭서스 특유의 우연과 일회성을 확보했던 것이다.

사실 전자음악은 백남준에게 완전히 새로운 영역이 아니었다. 그가 독일로 갔을 무렵에 전자음악은 전위적인 분야로 한창 각광받고 있었으며, 쾰른의 서독일라디오방송국이 그 중심에 있었다. 앞서 포르트너 교수가 백남준에게 추천한 곳이 바로 이곳이었다. 덕분에 백남준은 예술에도 전자기술을 활용할 수 있다는 생각을 할 수 있었다. 백남준 주변 인물들의 증언에 따르면, 그는 이미 매체 중에서도 텔레비전을 예술 소재로 사용할 수 있는 시대가 오리라는 것을 예감했다고 한다. 하지만 그 누구도 그때까지 백남준이 이 분야의 선구자가 될 것이라고는 짐작하지 못했다. 텔레비전은 영화감독이나 사용하는 것으로 여겨졌기 때문이다.

어느 날 문득 백남준에게 새로운 깨달음이 찾아왔다. 그는 자신이 직접 비디오 기술과 예술을 접목하기로 결심하고, 방향이 정해지자 전자회로 등 텔레비전 관련 전문 서적은 물론 기초 지식을 쌓기 위해 물리학에 대한 책을 닥치는 대로 읽어나갔다. 심지어 새로운 분야에 집중하기 위해 자신이 가지고 있던 다른 모든 책을 창고에 처박아놓았다. 그리고 교외에 아지트를 얻어 온종일 그 안에 틀어박혀 텔레비전을 연구했다. 백남준은 결과물이 나오기 전까지 이러한 생활을 주변 사람들에게 비밀에 부쳤다.

그러다가 그는 그간 모아둔 돈으로 열세 대의 텔레비전을 샀다. 어떤 사람은 백남준이 산 텔레비전 수에 많은 의미를 부여하지만 사실 그가 가진 돈으로 살 수 있던 텔레비전의 수가 열세 대였을 뿐이다. 이후 백남준은 열세 대의 텔레비전으로 미친 듯이 연구한 끝에 만들어낸 새로운 예술을 선보였다. 1963년 3월, 독일 소도시 부퍼탈의 파르나스갤러리Galerie Parnass에서 열린 '음악의 전시 — 전자 텔레비전'이라는 전시회에서였다. 역사상 최초의 비디오 전시회였다.

뒤셀도르프에서 동쪽으로 30여 킬로미터 떨어진 부퍼탈은 베를린이나 프랑크푸르트같이 한국에 잘 알려진 곳은 아니다. 하지만 유럽에서는 마르크스와 함께 유물사관을 제안하여 마르크스주의의 철학적 기초를 마련한 프리드리히 엥겔스의 고향으로 유명하다.

부퍼탈로 가는 길은 한가했다. 세계 최고라는 명성에 걸맞게 독일의 고속도로는 어디를 가든 잘 닦여 있었다. 뒤셀도르프 예술 아카데미를 둘러본 뒤 차로 20~30분쯤 달리자 완만한 구릉으로 이루어진 짙푸른 소도시 부퍼탈이 나타났다. 도시 전체 면적 중 3분의 2가 숲으로 뒤덮여 독일 내 최고의 녹색 도시로 꼽힌다는 이야기가 거짓은 아니었다.

주소지에 적힌 곳에 도착하니 웅장한 4층짜리 건물이 서 있었다. 베이지색 대리석 벽에 3, 4층은 짙은 고동색 나무로 지어진 전형적인 독일 저택이었다. 1960년대에는 독일에서 가장 과격한 전위적 공연과 전시회가 열린 곳이었지만, 지금은 평범한 개인 주택으로 변해 과거의 영광은 전혀 찾을 수 없었다. 문득 세월의 덧없음이 느껴졌다. 추억 속의 장소가 되어버렸지만 파르나스갤러리는 백남준을 비롯하여 수많은 거장들이 거쳐간 곳으로 미술사에 길이 남아 있다.

이 갤러리의 주인은 롤프 예를링으로, 플럭서스와 같은 전위예술의 열성적인 후원자였다. 건축가였던 그는 부퍼탈의 저택을 구

옛 파르나스갤러리

뒤셀도르프 부근의 부퍼탈이라는 소도시에 있던 파르나스갤러리에서 미술사상 최초의 비디오아트 전시회가 열렸다. 죽은 황소 머리 전시와 피아노를 부수는 퍼포먼스로 이 전시회는 세간의 주목을 받지만, 백남준이 야심 차게 준비한 텔레비전 작품들은 사람들의 관심을 끌지 못했다. 이 전시회 2년 뒤에 갤러리가 문을 닫게 되면서, 갤러리의 주인인 예클링이 백남준에게 "당신의 황소 머리 때문에 문을 닫았다"라고 농담을 건넸다고 한다.

입해 1949년에 갤러리로 개조한 다음 1962년부터 1965년 사이에 집중적으로 전위예술가들을 위한 전시회를 열었다. 백남준이 이곳에서 첫 개인전을 열게 된 것도 그저 단순한 우연만은 아니었다. 그를 비롯하여 보이스, 독일의 화가이자 조각가인 볼프 포스텔, 케이지, 세계 최고의 현대미술가로 꼽히는 게르하르트 리히터 등이 이곳에서 전시회를 열었다. 이러한 역사적 중요성 때문에 폰데어하이트 Von der Heydt 미술관에서 파르나스갤러리의 의미를 되새기는 회고전이 열리기도 했다.

파르나스갤러리에서 열린 백남준의 첫 전시회는 파격을 넘어 물의를 일으키는 수준이었다. 전시회장 입구부터 남다르게 꾸며놓아 관람객들을 아연실색하게 만들었다. 막 도살한 황소의 머리를 입구 천장에 걸어놓았기 때문이다. 당시 독일 법에 따르면, 도살한 황소의 머리는 땅에 파묻어야 했다. 그럼에도 백남준은 대중의 관심을 끌기 위해 죽은 황소 머리를 전시 소품으로 사용했다. 이뿐만이 아니었다. 그는 커다란 기상관측용 기구 여러 개를 현관 통로에 띄워놓았다. 이 기구들은 천장에서부터 건물 바닥까지 닿을 정도로 컸기 때문에 관람객들이 건물 안에 들어가려면 기구 밑과 바닥 사이에 난 좁은 틈으로 기어가야 했다. 관람객들이 입장하는 순간부터 그들의 혼을 쏙 빼놓으려 했던 것이 백남준의 의도였다. 훗날 백남준은 "충격요법을 통해 관람객의 의식을 하나로 만들어 보다 더 많은 것을 흡수하게끔 하려 했다"라고 회상했다. 불행하게도 관람객들의 의식을 집중시키기 위한 그의 기발한 아이디어는 오래가지 못했다. 죽은 황소의 머리를 땅에 묻지 않은 것 자체가 위법인 데다가

'음악의 전시 ― 전자 텔레비전'의 전시회 포스터

백남준은 자신의 첫 개인전의 포스터로 1960~1961년에 나온 한국의 신문 지면을 사용했다. 그 지면은 이승만 정부 때 정간당한《경향신문》이 복간 후에 출간한 신문의 축쇄판이었다. 그가 자신의 개인전에서 3년이나 시간이 지난 신문을 사용한 것은 4·19 혁명의 의의를 상기시키고, 멀리에서나마 혁명에 동참하는 뜻을 내비친 것으로 보인다. 게다가 백남준이 포스터로 사용한 신문의 내용을 보면 4·19 혁명부터 5·16 군사정변까지의 사건들을 아우르는 내용들로, 그가 정치적 관심을 예술로 표출했음을 알 수 있다.

사체에서 고약한 냄새가 나는 바람에 현지 경찰이 압수해버렸기 때문이다. 게다가 기구들도 얼마 못 가 터지고 말았다. 하지만 역사적으로 중요한 것은 눈알을 부라리던 황소 머리나 전시회장 입구를 막은 기구가 아니었다. 바로 파르나스갤러리에서 백남준이 텔레비전 수상기에 나타나는 화면을 여러 기법으로 변조한 후 전시함으로써 비디오아트의 시대를 열어젖혔다는 사실이다.

그는 텔레비전 열세 대의 영상을 변조하거나 특수한 효과를 내도록 연구한 끝에 이 중 열두 대를 전시회에 출품했다. 그리고 열한 대를 한방에 설치해 관람객들로 하여금 새롭게 바뀐 영상을 보게 하거나, 그들의 목소리를 통해 텔레비전 화면을 변형하는 등 관람객이 직접 텔레비전을 다루도록 유도했다. 덕분에 텔레비전 화면은 관람객의 행동에 따라 다양한 방식으로 나타났다. 백남준은 참여와 소통을 전제로 하지 않는 예술은 독재 혹은 창작자 혼자만의 예술이라고 간주했다. 관람객들 저마다가 자신의 방식으로 작품을 이해하고, 받아들이고, 즐김으로써 예술이 다양성을 획득하는 것, 이것이 야말로 백남준이 추구하는 예술의 핵심이라고 할 수 있다.

백남준이 이 전시회에서 선보인 실험 TV 시리즈 중에서 몇 가지를 소개하면 우선 〈참여 TV〉가 있다. 관람객이 마이크로 소리를 내면 음향의 높낮이와 크기에 따라 빨간색, 초록색, 파란색으로 분리된 선들의 모양이 달라지는 작품이다. 또 〈왕관 TV〉는 텔레비전 회로를 조작하여 만든 것으로, 화면 속의 왕관 모양이 춤을 추는 듯하게 만든 작품이다. 관람객들은 소리의 신호를 만들어내는 기계와 그 기계가 만든 소리 신호를 조절하는 앰프를 움직여 화면의 모습을 다양하게 바꿀 수 있다. 〈자석 TV〉는 모니터 주변에 자석을 댈 때마다 전자 신호의 이미지가 방해를 받음으로써 화면에 아름다운 패턴이 나타나도록 한 작품이다. 〈닉슨 TV〉는 미국의 전 대통령 리처드 닉슨의 영상이 나오는 두 대의 텔레비전 화면에 구리선을 감아놓고, 그 구리선에 전류를 보내 화면 속 닉슨의 얼굴이 일그러지게끔 한 것이다. 백남준은 닉슨이 존 F. 케네디 대통령 후보와의 텔레비전 토론회에서 미디어를 제대로 활용하지 못해 낙선한 사실에 착안해 이 작품을 만들었다.

전시회에 출품된 것은 조작된 텔레비전뿐만이 아니었다. 백남준은 갤러리의 2층 화장실 욕조를 이용해 섬뜩하고도 한번 보면 결코 잊어버리지 않을 만한 〈욕조에 담긴 마네킹〉을 설치해놓았다. 욕조 안에 가득 찬 핏빛 물속에 양쪽 팔과 하반신이 잘린 마네킹을 눕혀놓은 것인데, 토막 살인 현장을 연상케 하는 연출이었다. 백남준은 이 공간에서 검은색 옷을 입고 얼굴에 흰색 가면을 쓴 채 그 욕조를 내려다보는 퍼포먼스를 했다. 이와 함께 지하실에는 테이프레코더와 전축을 사용해 음악을 입으로 느끼게 하는 작품을 놓았다.

무엇보다 관람객들에게 뚜렷한 인상을 남긴 것은 피아노 작품이었다. 백남준은 조그마한 사발, 전화기, 브래지어를 못으로 고정한 피아노 네 대를 전시했다. 그런데 전시회장 문을 연 지 1시간쯤 지나자 보이스가 돌연 커다란 망치를 들고 나타나 다짜고짜 피아노 한 대를 무자비하게 박살냈다. 백남준의 전매특허였던 피아노 때려 부수기 퍼포먼스를 보이스가 순식간에 해치워버린 것이다.

이 전시회는 황소 머리와 보이스의 퍼포먼스 등으로 센세이션을

케네디와 닉슨의 TV 토론회

1960년 미국 최초로 TV를 통한 대선 후보 간의 공개 토론이 이루어졌다. 이 토론 전까지 여론 조사에서 우위를 보였던 닉슨은 토론 내내 불안한 시선 처리와 식은땀을 흘리며 보는 이들에게 당혹감을 안겨주었다. 반면에 케네디는 당당하고 여유로운 분위기를 토론 내내 연출하며 시청자의 호감을 샀다. 케네디는 텔레비전의 선전 효과를 최대한 활용한 덕분에 모두의 예상을 뒤집고 미국 역사상 최연소 대통령이라는 타이틀과 함께 백악관에 입성할 수 있었다. 백남 준은 이 TV 토론회에 큰 감명을 받았는지 당시 닉슨의 모습을 모티브로 한 〈닉슨 TV〉를 제작하며 미디어가 가진 힘에 주목했다.

일으켰다. 하지만 텔레비전 작품은 사실상 아무런 반응도 얻지 못했다. 텔레비전이 놓인 전시실을 찾은 관람객 대부분은 힐끗 쳐다보고는 다른 곳으로 이동하는 등 관심을 보이지 않았다. 게다가 어떤 신문이나 잡지도 이 작품에 대한 비평을 싣지 않았다. 이에 백남준은 "텔레비전이 죽은 황소 머리를 당해내지 못했다"라고 통탄했다. 비록 당시에는 큰 주목을 받지 못했지만, 소리를 청각이 아닌 시각예술로 변환시키려 한 그의 노력만은 전해진다. 전시회 제목이 '음악의 전시―전자 텔레비전'이었던 것도 이러한 그의 의도가 반영된 결과였다.

끝나지 않은
백남준의 예술

뉴욕에 입성하다

1964년부터 백남준이 세상을 떠날 때까지 보낸 미국 시대는 그의 예술이 정점에 올라선 시기라고 할 수 있다. 그의 예술 세계를 대표하는 작품들이 이곳에서 가장 많이 만들어졌기 때문이다. 비록 그의 첫 미국 생활은 경제적으로 무척이나 궁핍했지만 정신적인 삶만큼은 누구보다도 풍요로웠다. 차이나타운의 저렴한 음식점에서 늘 끼니를 때워야 했지만, 그를 이해해주고 함께 울고 웃던 전위예술가 동료들이 그의 곁에 있었다.

1960년대 미국 사회는 여느 때보다 풍족했으며 자유롭고 반항적인 분위기로 가득했다. 거리에는 시위대가 넘쳤고 프리섹스 물결에 히피 문화가 절정에 달했다. 별다른 성과 없이 지리멸렬하게 이어진 베트남전쟁에 대한 반전 무드가 젊은이들에게 반항심을 불러일으킨 것이 틀림없었다.

기성세대에 항거한 히피

케네디 대통령과 마틴 루서 킹 목사의 암살 사건, 명분 없는 개입으로 무수한 희생을 낳
은 베트남전쟁과 같은 일련의 사건들을 경험한 미국의 젊은 세대들은 인종 차별 반대와 반
전을 외치며 사랑과 평화를 주창했다. 기성세대들의 문화와 대척점에 선 대항문화를 추

구하며 물질적 성공을 최고의 가치로 삼는 기존 사회 질서에 반기를 들고 모든 억압에서 벗어나 자유로운 삶을 추구한 이들을 히피라고 불렀다. 히피는 음악을 통해 반항 정신을 표출했는데, 히피 운동이 1969년 8월에 열린 우드스톡 페스티벌에서 절정을 이루면서 이 페스티벌은 저항문화의 상징 같은 존재로 자리 잡았다.

예술가의 거리였다가 지금은 유행의 최첨단 지역으로 변모한 소호 일대에는 백남준이 40년 가까이 살았던 아파트와 작업실들이 남아 있다. 그 예술가의 거리에서 자동차로 20여 분 정도 달리면 그의 위대한 작품이 전시되었던 미술관들이 밀집된 곳이 나온다. 현대미술의 메카라는 명성에 걸맞게 뉴욕에는 '박물관 마일Museum Mile'이라는 명소가 있다. 세계의 유행을 선도하며 쇼핑과 볼거리로 가득한 뉴욕 5번가를 가운데 두고 아홉 개의 박물관과 미술관이 몰려 있는 82번가에서 105번가 사이의 구역을 일컫는다. 매년 6월 두 번째 화요일에 축제가 열리는데, 이날만큼은 무료입장이 가능하다.

5번가를 따라 북쪽으로 걷다 보니 뉴요커들의 쉼터인 광활한 센트럴파크가 나타났다. 주변 건물에서는 계절마다 변하는 센트럴파크의 경치를 감상할 수 있어 세계에서 가장 비싼 아파트들이 이곳에 모여 있다. 자고로 예술가들은 유한계급, 즉 부자들의 경제적 지원으로 살아온 사람들이다. 후원자가 없었더라면 제아무리 예술적 재능이 뛰어났어도 생계를 이어갈 수 있는 다른 일에 몰두해야 했을 것이다. 예술가들이 경제적 어려움 없이 창작에 전념할 수 있었던 것은 따지고 보면 그들의 재능에 아낌없이 투자한 이들 덕분인지도 모르겠다. 그러니 뉴욕의 부자들이 많이 거주하는 5번가 주변 미드타운에 박물관과 미술관 들이 밀집해 있는 것은 너무나 당연한 일이었다.

하늘을 찌르는 마천루에 빵빵거리며 쏜살같이 달리는 자동차로 가득한 맨해튼 거리를 걷다 보면 세상 어디에도 이런 곳은 없을 것이라는 확신에 차게 된다. 심지어 미국인들에게 "뉴욕은 어떤가?"

메트로폴리탄미술관

박물관 마일에 속하는 미술관 중 하나로, '멧'이라고도 불린다. 고대 이집트 유물에서부터 현대미술까지 다양한 작품을 전시하고 있으며, 소장품 수만 300여 만 점에 이른다. 1998년에 한국관이 개관했으며, 해마다 700만 명이 이곳을 찾는다.

다양한 얼굴을 가진 뉴욕

라고 물어보면 십중팔구는 이런 대답이 돌아온다. "뉴욕은 미국이
아니다. 뉴욕은 뉴욕이다."

　미국의 다른 도시들은 나름의 정취와 분위기를 가지고 있다. 워
싱턴 D. C.는 진지하고 가라앉은 느낌이다. 이 도시 한가운데에 자
리 잡은 웅장한 흰색 의사당과 백악관 그리고 바삐 걸어가는 말쑥
한 양복 차림의 고급 관료풍 신사들을 보면 이곳이 온 세상을 움직
이는 국제 정치의 심장부임이 실감 난다. 미국인들이 가장 살고 싶
어 한다는 샌프란시스코 일대는 낭만으로 가득하다. 유난히 많은 언
덕길에 바다를 향해 세워진 밝은 톤의 고풍스러운 저택들, 해변가에
줄지어 서 있는 갤러리와 카페 들 그리고 일찍이 벤처 사업을 일으
켜 큰돈을 거머쥐었을 것 같은 캐주얼 복장의 젊은이들, 이 모든 것
이 어우러져 예술적이면서도 여유로운 분위기를 자아내는 곳이 샌
프란시스코다. 이렇듯 미국의 거의 모든 도시는 한마디로 표현할 수
있는 나름의 독특한 색깔을 가지고 있다.

　하지만 뉴욕은 다르다. 다양한 얼굴을 하고 있어 한마디로 정의
하는 것이 불가능에 가깝다. 어떤 때는 부랑자들에게 더없이 인자
한 곳이었다가 또 어떤 때는 야박하고 냉정한 도시가 된다. 피도 눈
물도 없는 자본가의 소굴이었다가 미치광이나 다름없는 전위예술
가의 퍼포먼스도 거리낌 없이 받아주는 곳, 세계 최고의 부자와 가
난한 이들이 같은 공간과 공기를 나눠 쓰는 곳, 야누스의 얼굴을 하
고 있는 도시가 뉴욕인 것이다.

　독일에서 활동하던 백남준은 1964년 난생처음 미국에 갔다. 그

가 동료들보다 뒤늦게 미국으로 건너간 것은 독일에서 기반을 잡아 가고 있던 데다 물가가 비싼 뉴욕에서 생활할 자신이 없었기 때문 이다. 게다가 당시 동양인이 비자를 발급받기까지 그 과정이 무척 까다로워 그는 어떻게 해서든지 귀찮은 상황을 모면하려고 했다. 그런 그를 뉴욕으로 이끈 것은 슈토크하우젠이 만든 전위적인 음악 극 〈오리기날레〉였다. 뉴욕에서 공연 예정이던 〈오리기날레〉의 거 의 모든 배역이 확정되었지만, 동양에서 온 미치광이 예술가 역은 백남준이 아니면 안 된다고 슈토크하우젠이 고집을 부렸기 때문이 다. 한마디로 백남준이 뉴욕에 가게 된 것은 그가 미치광이 예술가 역에 잘 어울렸기 때문이다. '괴짜들'이라는 제목에 걸맞게 작품 구 성도 특이했다. 진짜 침팬지가 나오고 피아니스트, 카메라맨, 화가, 시인, 배우 등 다양한 인물들이 출연해 정해진 시간 동안 자신만의 독특한 행위예술을 즉흥적으로 펼쳤다. 예술의 여러 매체가 같은 무대, 같은 시간에 동시다발적으로 등장하는 해프닝의 원형을 보여 주는 공연이었다. 보수층의 거부 반응에도 불구하고 당시 기준으로 는 무척이나 파격적이었던 〈오리기날레〉는 연일 화제를 뿌리며 절 찬리에 공연을 이어갔다.

이 공연의 무대감독이었던 카를 하인츠 카스파리는 백남준을 두 고 "미로 같은 구조 안에서 힘들이지 않고 움직일 줄 아는 사람, 그 때그때 주어진 상황을 풀어헤쳐 놀이로 변주할 수 있으며, 어떤 기 보든지 다 변형할 줄 알았다"라고 평가했다. 이런 설명으로 미루어 볼 때 슈토크하우젠이 백남준에게 자율성을 부여했다기보다는 백 남준 스스로가 해프닝과 같은 형식을 이해하여 즉흥적으로 공연할 수 있는 능력을 갖추고 있었던 것으로 보인다.

　백남준은 독일에서는 알아주는 전위예술가였지만 뉴욕에서는 무명의 예술가에 불과했다. 그가 이 낯선 도시에 도착해 몸을 뉘인 곳은 리스퍼나드Lispenard가의 스튜디오였다. 슈토크하우젠이 빌려준 곳이었지만, 백남준이 이곳에 머문 데에는 또 다른 이유가 있었다. 스튜디오에서 도보로 5분밖에 안 걸리는 곳에 미국 플럭서스 본부가 있었기 때문이다. 당시 리투아니아 출신 건축가로서 미국 내 플럭서스 운동의 기수였던 머추너스는 1963년 뉴욕 커낼Canal가 359번지 2층에 플럭서스 스튜디오를 차렸다. 말이 플럭서스 본부였지, 사실상 그의 개인 사무실이었다. '커낼'이라는 이름에서 알 수 있듯이, 이곳은 운하를 복개해 만든 거리다. 맨해튼 남쪽에 연못과 여기에서 흘러나오는 개천이 있었는데, 주변에 세워진 맥주와 가죽 공장 등에서 나온 폐수로 물이 오염되자 수질 개선 차원에서 인공 운하를 만들었다. 하지만 맨해튼 남쪽에 처음 세워진 정착촌을 점차 북쪽으로 확대하면서 운하가 걸림돌이 되자 아예 복개해버렸다.

　커낼가에는 20세기 초 한꺼번에 들어섰던 뉴욕 특유의 오래된 주철 건물들이 길가 양쪽으로 늘어서 있고, 기념품점과 보석가게 그리고 싸구려 수입품을 파는 잡화점 등이 눈에 띄었다. 동쪽으로 방향을 틀어 걸어가니 차이나타운과 가까워질수록 중국 간판이 많이 보였다. 행인들의 옷차림은 대개 초라하고 안색은 유령처럼 퀭했다. 백남준도 처음에는 이들과 크게 다르지 않았으리라. 이런 곳에서 예술가로 살아남기 위해 몸부림쳤을 그의 모습을 떠올리니 왠지 안쓰러웠다.

커넬가는 차이나타운과 리틀 이탈리아 그리고 소호와 맞닿아 있어 여러 나라의 문화가 뒤섞여 있다. 현대식 빌딩 숲으로 뒤덮인 남쪽의 월가나 맨해튼 중심의 미드타운과 달리 20세기 초에 지어진 건물이 주종을 이룬다. 당초 이곳은 거대한 섬유 업체들이 밀집된 공장 지대였다. 그러다가 제2차 세계대전이 끝난 뒤 저렴한 노동력을 앞세운 값싼 외국산 제품이 몰려오면서 섬유 공장들은 잇따라 도산하고 말았다. 한때 세계의 공장으로 불리던 맨해튼의 소호가 졸지에 폐허로 변하고 만 것이다. 이렇게 되자 뉴욕시는 못 쓰게 된 공장 건물들을 쓸어내고 새 건물을 짓는 재개발 계획을 세웠다. 하지만 재개발이 이루어지면 뉴욕 특유의 주철 건물들이 한꺼번에 사라지면서 소호의 독특한 분위기가 없어질 것이라는 반대 여론이 들끓기 시작했다. 결국 뉴욕시는 이들의 뜻을 받아들여 이 지역을 '소호 주철 역사지구'로 지정했다.

플럭서스 본부가 있던 자리에도 역시 소호 특유의 5층짜리 주철 건물이 들어서 있었다. 짙은 회색 벽돌의 건물 벽 곳곳에는 꼬질꼬질한 검은 때가 검버섯처럼 끼어 있어 누가 보더라도 남루하기 그지없다. 이 건물 2층에서 30대의 젊은 백남준은 그 못지않게 괴짜인 플럭서스 동료들과 함께 뒹굴며 기성 문화에 반항하고, 이를 전복하려 작당했을 것이다. 이들의 생활은 너무도 자유롭고 거칠 것이 없었지만 동시에 지극히 가난한 삶이었다. 백남준을 비롯한 플럭서스 예술가들은 식사를 함께 준비하고 나눠 먹는 공동생활을 했다. 일종의 사회주의식 코뮌 시스템으로 순번이 된 이가 한 주씩 식사를 준비하는 방식이었다. 물론 백남준이 당번을 한 적도 있었지만 손

뉴욕의 커낼가

커낼가의 역사를 들여다보면 한국의 청계천과 닮은 것 같다. 1964년 미국으로 건너간 백남준
은 가난한 이들이 모여 살던 커낼가에 거처를 마련했다. 그러다가 커낼가 359번지에 있는 플
럭서스 본부에서 시게코와 재회했다.

에 물 한 방울 묻혀본 적이 없어서 그랬는지 몰라도, 그는 온갖 핑계를 대며 어떻게든 식사 준비에서 빠지려 했다고 한다. 하지만 모두가 함께하는 자리였기 때문에 특별한 일이 있지 않는 이상 꼭 참석했다. 식탁에서는 예술에 대한 뜨거운 논쟁이 오갔고, 플럭서스 예술가들은 작품에 대한 번뜩이는 아이디어로 이야기꽃을 피웠다.

성적 해방을 부르짖다

백남준이 미국으로 건너간 첫해부터 의미 있는 만남이 이루어졌는데 바로 제2회 뉴욕 아방가르드 페스티벌에서 예술적 동지인 샬럿 무어먼과 가까워진 것이다. 보수적인 미국 남부 출신의 무어먼은 케이지의 음악을 연주하면서 플럭서스에 열광하기 시작했다. 줄리어드음대 재학 시절, 클래식음악에 염증을 느끼던 그녀에게 한 친구가 케이지의 〈현악기 연주자를 위한 26분 1.1499초〉를 연주해보라고 권한 것이 계기였다. 현악기로 소음과 같은 소리를 연주하면서 중간중간 심벌즈를 치며 피리를 불고 풍선을 터뜨리거나 심지어 공연 도중에 버섯을 요리해 먹어야 하는 작품이었다. 이처럼 기상천외한 작품이었으니 클래식만 연주하던 무어먼에게는 무척 충격적이면서도 흥미로운 경험이었으리라. 케이지의 음악이 마음에 들었는지, 그녀는 이 작품을 자주 연주하곤 했다. 심지어 유명 토크쇼에 나가서도 이 곡을 연주했는데, 나중에는 본래의 수준보다 훨씬 멋대로 무어먼이 연주하는 바람에 케이지가 크게 화를 냈다는 이야기도 전해진다. 케이지의 음악을 접한 뒤로 무어먼은 완전히 달라져 졸업 연주회에서도 전위적인 음악을 연주했다. 생각지도 못한 전위예술과의 조우는 그녀의 삶을 송두리째 바꾸어놓았다. 전위예술에 대한 애착이 얼마나 강했는지, 그녀는 머추너스로부터 열렬한 찬사를 받으며 플럭서스 예술가로 뉴욕에서 유명세를 날리던 오노 요코를 룸메이트로 삼았다. 이후 요코는 무어먼에게 플럭서스 동료들을 소개해주었다. 이는 무어먼이 아방가르드 페스티벌 기획자로 나서는 직접적인 계기로 작용했다.

그런데 플럭서스 운동의 창시자이자 리더 격인 머추너스는 무어먼을 무척이나 싫어했다고 한다. 전위예술 운동을 자신이 시작했음에도 그녀가 뉴욕 아방가르드 페스티벌을 기획하고 운영하면서 뛰어난 기량을 발휘했기 때문이다. 일종의 질투였던 셈이다. 무어먼은 무척이나 영리하고 사교적이어서 페스티벌을 지원하는 뉴욕시 관계자와도 매끄러운 관계를 유지했다. 기자회견과 홍보 행사 등을 열어 사람들의 관심을 끈 뒤 이를 바탕으로 후원금도 모을 줄 알았다. 대외 활동에서 무어먼은 머추너스보다 수완이 뛰어났다. 머추너스가 개최한 플럭서스 퍼포먼스에는 고작 10~20명이 모였던 반면, 무어먼이 지휘한 아방가르드 페스티벌 공연에는 600~700명이 몰려와 발 디딜 틈도 없는 성황을 이루곤 했다.

무어먼이 기획한 공연은 맨해튼 중심부에 위치한 저드슨홀에서 열렸다. 이곳에서 백남준은 독일에서 그랬듯이 자기 멋대로 즉흥 퍼포먼스를 했다. 1966년에 뉴욕 주요 건축물로 지정될 만큼 유서 깊은 저드슨홀은, 19세기 초에 활약한 목사 애도니럼 저드슨을 기리기 위한 저드슨 기념 교회에 딸린 공연장이다. 자유로운 분위기의 전통을 지닌 이 교회는 20세기 중반에 들면서 시민의 권리 의식과 함께 표현의 자유를 적극 옹호하기 시작했다. 당시에는 쉽게 받아들여지지 않던 전위예술에 대해서도 너그러웠다. 그러니 가장 전위적이고 논란의 대상이 되었던 아방가르드 페스티벌이 이곳에서 여러 번 열렸던 것도 우연은 아니었다. 저드슨 기념 교회가 멍석을 깔아준 것은 또 있다. 교회는 무명의 미술가를 위한 갤러리도 만들었는데, 이곳에서는 훗날 현대미술의 거장으로 성장한 올든버그, 라우션버그, 요코 등이 전시회를 개최했다.

무어먼을 달가워하지 않은 머추너스는 그녀에 대해 "플럭서스의 아이디어를 훔쳐가 아방가르드 페스티벌을 열고 있다"라며 크게 분노했다. 그런데 문제는 무어먼과 어울리는 사람들에게까지 분노의 화살이 돌아갔다는 데 있었다. 머추너스는 동료들에게 그녀와 어울리지 말도록 종용하고 함께 공연이라도 하면 절교를 선언했다. 하지만 그런 것에 신경 쓸 백남준이 아니었다. 그는 머추너스의 경고에도 아랑곳하지 않고 무어먼과 스스럼없이 어울리면서 많은 파격적인 공연을 시도했다.

테크놀로지와 휴머니즘의 조화를 보여주는 것도 두 사람의 목적이었지만 중요하게 여긴 핵심 주제는 성적 해방이었다. 사회적 제약에 굴복해 인간의 본성인 성을 음악 소재로 다루지 않는다는 것은 더욱 성의 억압을 가져올 뿐이라는 것이 이들의 생각이었다. 이러한 믿음에서 비롯된 퍼포먼스 중 대표적인 것이 〈살아 있는 조각을 위한 TV 브라〉다. 이 작품은 '창조적 매체로서의 텔레비전'이라

저드슨 기념 교회

미국 최초의 선교사 중 하나인 저드슨을 기념하기 위해 그의 아들이 세운 교회로, 맨해튼 그리니치빌리지 중심에 위치해 있다. 이 교회에 딸린 공연장에서 백남준을 비롯해 올든버그, 라우선버그, 요코 등 아방가르드 예술가들이 퍼포먼스를 무대에 올렸다.

고 명명된 전시회에 처음 소개되었다. 백남준이 여성의 신체를 시각적 대상으로 설정하여 만든 최초의 비디오아트로, 무어먼의 몸에 꼭 맞게 텔레비전이 제작되었기 때문에 그녀가 이를 착용하고 퍼포먼스를 해야만 비로소 작품이 완성되었다. 두 개의 플렉시글라스 상자 안에 각각 작은 텔레비전을 넣고, 투명 테이프로 상체에 부착할 수 있게 해놓았다. 텔레비전 화면에서는 실시간으로 방송이 나오거나 폐쇄회로 카메라에 비친 관객들의 모습 또는 녹화된 비디오테이프의 영상이 흘러나왔다. 무어먼이 이 TV 브라를 착용하고 첼로를 연주하면, 그 음이 영상에 자극을 주어 화면을 재생하고 변조했다. 손목에 자석을 부착해 화면을 일그러뜨리기도 했다. 그녀는 전시회 오프닝에서 다섯 시간, 전시 기간 중에는 매일 두 시간씩 이 퍼포먼스를 수행했다.

무어먼의 말년은 그리 행복하지 않았다. 그녀는 유방암에 걸려 1991년 쉰일곱 살의 나이로 세상을 떠날 때까지 심한 고통에 시달려야 했다. 그녀가 암에 걸렸다는 소식을 들은 백남준은 몹시 괴로워했다. 자신과의 퍼포먼스로 병이 생겼을 것이라고 생각했기 때문이다. 〈살아 있는 조각을 위한 TV 브라〉 퍼포먼스를 하기 위해 가슴에 전자파가 나오는 수신기를 매달고 연주한 것이 문제가 되었다고 여긴 것이다. 이로 인해 백남준은 여유만 생기면 무어먼에게 병원비로 쓰라며 돈을 건넸다.

사실 〈살아 있는 조각을 위한 TV 브라〉는 시대착오적인 작품이었다. 당시 1960년대 후반 미국 사회에서는 여성운동의 하나로 여성 억압의 상징인 브래지어 착용을 거부하며 속옷을 드럼통에 넣어 불태우는 운동을 전개했다. 여성의 가슴이 성적 대상이라는 편견을 부수고, 내 몸을 내가 원할 때 나만의 방식으로 당당히 드러낼 권리를 되찾자면서 노브래지어 캠페인을 벌였다. 노브라는 여성의 신체에 대한 억압을 거부하는 상징으로 여겨졌으니, 백남준의 작품은 이러한 시대적인 조류를 역행하는 것이었다.

나는 영상을 통해 〈살아 있는 조각을 위한 TV 브라〉를 감상했는데, 퍼포먼스를 행하는 무어먼의 당당한 태도가 가장 인상적이었다. 영상 속에서 젊은 남자들이 신기한 듯 그녀에게 다가가 이리저리 쳐다보는데도 그녀는 개의치 않았다. 새로운 예술적 시도를 감행한다는 자랑스러움이 화면 너머로도 느껴졌다.

인간의 본능을 진지하게 생각해보면 일반적으로 수치스러운 것으로 통하는 나체, 배설, 성관계 모두가 부끄러움을 느낄 일이 아님을 알 것이다. 옷을 벗으면 남녀의 몸이 그렇게 생겼음을 누구나 안다. 배설을 하지 않는 인간은 없으며 우리 모두 남녀 간의 성관계로 태어난 존재다. 왜 우리는 누구에게나 적용되는 본질적 형태와 행위를 감추고 부끄러워해야 하는가. 참으로 모순된 생각이기에 많은 위대한 사상가가 이에 대한 고정관념을 초개처럼 내던져버렸다. 무어먼과 백남준 역시 이처럼 가식적인 생각을 진즉에 버렸을 것이 틀림없었다.

예술이냐 외설이냐

백남준은 문학과 미술에서는 중요한 제재로 쓰이는 성이 음악에서만 금기시되는 것에 대해 재론하며 음악이 나아가야 할 방향을 모색했다. 그러면서 미국 사회에 커다란 파문을 일으킨 〈오페라 섹스트로니크〉 소개 글에서 성에 대한 자신의 신념을 솔직하게 밝혔다.

> 문학과 회화에서 가장 중요한 주제 중의 하나인 섹스가 오로지 음악에서만 금기시된 이유가 무엇일까. (…) 섹스는 음악에서 배척당한다. 하지만 바로 이 배척이 문학과 회화와 동일한 위치에 있는 고전예술로서의 음악이 가진 소위 '위대성'의 근본을 완전히 무너뜨린다. 음악도 D. H. 로런스, 프로이트 같은 인물을 기다린다.
>
> ─『백남준: 말에서 크리스토까지』, 288쪽 [4]

백남준과 무어먼의 합작 공연 중에서도 대중들에게 널리 알려진 것이 바로 〈오페라 섹스트로니크〉다. 1965년 파리에서 선보일 때는 무어먼이 사실상 전라로 첼로를 연주하는 퍼포먼스까지 감행했다. 〈오페라 섹스트로니크〉가 유럽에서 커다란 반향을 불러일으키기는 했지만 두 사람이 처음부터 전라로 연주를 계획했던 것은 아니었다. 그저 우연한 사건을 대담한 시도로 연결했을 뿐이었다. 사건의 전말은 이러했다.

1965년 5월, 백남준과 무어먼은 파리에서 공연을 준비 중이었다. 하지만 공연 30분 전에 그녀의 무대의상을 호텔에 두고 왔다는 것을 알아차렸다. 도저히 옷을 가지러 갈 시간이 안 되자 백남준은 무어먼에게 리허설장 한쪽 구석에 둘둘 말려져 있던 투명 플라스틱 보호막을 드레스 대신에 두르고 나갈 것을 제안했다. 처음에는 질색하며 거절하던 무어먼도 잠시 숨을 고른 뒤 결심을 굳히고는 속이 훤히 다 비치는 이 보호막을 입고 무대로 나갔다. 예상치 못한 차림으로 그녀가 등장하자 관객들은 일제히 환호성을 질러댔다. 그동안 대담한 퍼포먼스를 선보인 그녀로서도 쉽지 않은 결정이었던 모양이다. 그녀가 위스키를 연거푸 들이켜고 나서야 무대에 올랐으니 말이다. 하지만 너무 많이 마셨는지 무대에서 쓰러지고 말았다.

이 퍼포먼스는 미국 실험영화의 성지 뉴욕 다운타운, 필름메이커의 시네마테크에서도 공연되었다. 타임스퀘어와 가까운 곳에 위치했던 이 극장은 1960~1970년대 미국을 휩쓴 뉴시네마운동의 메카나 다름없었다. 이 극장은 미국 실험영화의 대부로 꼽히는 요나스 메카스가 마련한 것이었다. 그 역시 머추너스와 같은 리투아니아 출신으로 플럭서스 핵심 멤버 중 하나였다. 메카스는 한창 일기 시작한 미국 실험영화 운동의 열성 지지자들을 모아 1962년에 '영화제작자 조합', 일명 '신 미국영화 그룹'을 결성하여 이들이 제작한 실험영화를 상영할 수 있는 극장을 세웠다. 이것이 바로 필름메이커의 시네마테크였다. 이 영화관에서 기념비적인 전위영화가 무수히 상영되었으며 메카스와 친한 사이였던 팝아티스트이자 영화제작자인 앤디 워홀의 영화들도 이곳에서 처음으로 공개되었다. 영화제작자 조합이 일반인들은 쉽게 소화하지 못하는 실험영화들을 계속 수집한 덕분에 지금은 전 세계에서 가장 풍부한 컬렉션을 소장

〈오페라 섹스트로니크〉 퍼포먼스

무어먼이 전라로 첼로 연주를 시도하다 경찰에 연행되는 사건이 일어났다. 이 사건은 미국 사회에 예술과 외설의 경계에 대한 논란을 불러일으켰고, 법원이 무어먼의 손을 들어주면서 일단락되었다. 백남준은 〈오페라 섹스트로니크〉 퍼포먼스 10주년을 기념해 1977년 뉴욕의 카네기홀에서 '감옥에서 정글까지'라는 제목의 공연을 열고, 〈오페라 섹스트로니크〉 퍼포먼스와 법정 상황을 재연했다.

하고 있다. 그래서 미국의 실험영화를 연구할 경우 이곳을 거치지 않고는 제대로 진행할 수 없을 정도다. 그러니 이런 곳에서 〈오페라 섹스트로니크〉를 공연한 것이 결코 우연은 아니었으리라.

지금도 그렇지만 미국은 다른 유럽 국가에 비해 훨씬 보수적인 나라다. 미국에서 만들어진 노골적인 성인용 잡지나 포르노가 국내에도 흘러들어오는 탓에 성적으로 몹시 개방된 사회로 착각하기 쉽지만 실제로는 그렇지 않다. 일부러 찾지 않는 한 일반인들이 생활하는 공간에서 노골적인 영상을 찾아볼 수 없다. 한국의 뉴스 사이트에서는 한두 번만 클릭해도 낯 뜨거운 내용을 매우 쉽게 접할 수 있지만, 미국의 사이트에서는 성인용품에 대한 광고를 전혀 찾아볼 수 없다.

그래서 백남준은 〈오페라 섹스트로니크〉를 미국 무대에 올릴 때 무척이나 신경을 썼다. 공연장에는 주최 측에서 선별한 200명만 들여보내기로 했다. 그런데도 상연하기 전에 나체로 악기를 연주하는 전위적인 공연이 열린다는 소문이 이미 각계각층에 퍼져나간 상태였다. 문제가 발생할 상황을 고려하여 사복 경찰들이 공연장에 배치되었다. 공연은 예정대로 진행되었다. 〈오페라 섹스트로니크〉는 네 개의 막으로 구성되었는데, 1막에서는 무어먼이 백남준이 만든 전자 비키니를 입고, 2막에서는 토플리스topless로, 3막에서는 아래옷을 벗고, 마지막 4막에서는 전라로 첼로를 연주하도록 되어 있었다. 막이 오르자 암전 속에서 2~3분간 정적이 흐른 뒤 불현듯 징소리가 울렸다. 그러자 무어먼은 백남준이 특별 제작한 전구로 만든 비키니를 입고 등장해 첼로를 연주했다. 6볼트짜리 전구 마흔다섯 개를 정교하게 엮어서 만든 수영복에 전기를 연결하면 불이 들어왔다. 비키니 차림이었지만 무어먼이 옷을 입고 있어서 별 탈 없이 1막은 지나갔다. 하지만 2막을 시작함과 동시에 무어먼이 검은색 긴 치마만 입고 나타나자 경찰들은 곧바로 무대 위에 올라가 그녀를 연행했다. 죄명은 외설죄였다. 검은색 코트가 입혀진 채 사복 경찰에 끌려가는 무어먼의 모습이 그다음 날 신문에 대대적으로 실리면서 예술의 자유와 외설을 두고 뜨거운 논쟁이 벌어졌다.

이 작품을 만든 백남준도 경찰에 끌려갔다가 양복 차림으로 점잖게 객석에 앉아 있었다는 이유로 다음 날 풀려났다. 무어먼도 곧이어 풀려났지만 법정에 서야 했다. 그녀가 재판을 받아야 하자 백남준은 백방으로 구명 운동에 나섰다. 재판에 영향을 미칠 수 있는 인사라면 미국은 물론 유럽까지 연락해 재판부에 탄원서를 내달라고 호소했다. 하지만 문제는 백남준과 플럭서스 멤버들에게 변호사 수임료를 지불할 만큼의 돈이 없었다는 점이다. 그래서 생각해낸 것이 지극히 백남준다운 방법이었다. 그는 또 다른 전위적인 공연으로 돈을 벌고자 했다. 이 공연에는 그 무렵에 가까워진 가야금 명인 황병기까지 동원되었다. 당시 황병기는 백남준의 둘째 누나 백영득에게 가야금을 가르치고 있었다. 그 인연으로 교류하게 된 백남준은 황병기에게 무어먼의 변호사 비용 모금을 위한 공연에 출연해달라고 부탁했다. 이에 황병기는 무어먼과 함께 뉴욕 시티홀에서 공연했는데 무어먼이 비키니 차림을 하고 커다란 자루 속에 들어가 무대 위에서 이리저리 굴러다녔다고 한다.

길고 긴 법정 싸움이 이어졌고, 결국 무어먼은 선고 유예 판결을 받았다. 사실상 백남준과 무어먼의 승리였다. 이 사건으로 무어먼은 '토플리스 첼리스트'라는 별명과 함께 예술에 자유를 가져다준 기념비적인 존재로 떠올랐다.

예술적 동지에서 인생의 반려자로

백남준은 뉴욕에서 다시 만난 시게코와 본격적으로 사귀기 시작했지만, 자신의 방랑 같은 삶이 결혼이라는 굴레에 맞지 않다고 여겨 그녀와의 결혼은 생각도 하지 않았다. 그래서 기다리다 못한 시게코가 자신을 연모하던 데이비드 베어먼이라는 유대인 작곡가와 결혼해버렸다. 하지만 이 결혼은 3년 만에 끝이 나고 말았다. 시게코가 백남준에게 돌아가겠다고 하자 그는 아무 말 없이 그녀를 받아주었다. 그리하여 두 예술가의 동거가 시작되었다. 그저 예술적 동지로 남을 것 같던 두 사람이 결혼한 것은 시게코의 병 때문이었다. 자궁암에 걸린 그녀가 수술비를 마련하지 못하자 백남준이 느닷없이 청혼한 것이다. 자신과 결혼하면 그녀가 보험으로 치료받을 수 있었기 때문이다. 1977년 시게코가 청혼을 수락하면서 두 사람은 정식으로 부부가 되었다.

백남준이 시게코와 함께 살던 소호를 나는 '멋의 거리'라고 부르고 싶다. 현장에 직접 가면 이런 이름을 붙이려는 까닭을 단번에 알수 있다. 소호에 가려면 맨해튼 남쪽으로 가는 지하철 노선을 타고가는 것이 가장 빠르고 편하다. 내려야 할 역의 이름은 스프링스트리트다. 봄 거리라니, 이름부터 향기롭다. 계단을 따라 지상으로 올라가면 공기부터 다르다. 어떠한 격식도 거부한 채 멋스러우면서 젊고 발랄한 패셔니스트들로 거리가 넘친다. 역을 나와 서쪽으로 방향을 틀면 본격적으로 소호가 시작된다.

금융 및 일반 비즈니스 회사들이 들어찬 다운타운, 미드타운 들과 달리 이곳은 19세기 말에서 20세기 초에 세워진 오래된 건물들로 가득하다. 고색창연한 붉은색 혹은 회색 벽돌 건물 사이로 난, 그리 넓지 않은 거리 곳곳에는 아기자기한 소품들을 파는 노점상들이 한가로운 표정으로 앉아 있다. 중동풍의 은귀걸이, 무지갯빛으로 물들인 스카프 등 독특한 디자인과 다채로운 색의 물건들로 가득하다.

현재 소호는 세계에서 가장 유명한 패셔니스트들의 거리지만, 50년 전만 하더라도 맨해튼에서 가장 황량하고 버려진 동네였다. 백남준과 시게코가 이곳에 거처를 마련할 때만 하더라도 그러했다. 백남준이 당시 황량하기 짝이 없던 소호로 옮겨간 것은 1974년이었다. 그의 비디오아트들이 본격적으로 세간의 주목을 끌기 시작할 무렵이었다. 백남준은 1971년 뉴욕 보니노갤러리에서 개최한 세 번째 개인전인 '일렉트로닉 아트'가 기대 이상의 성공을 거두자 한껏 고무되어 그 전보다 훨씬 규모가 큰 대형 작품에 대한 욕심을 가지기 시작했다. 큰 작품을 만들기 위해서는 충분한 공간이 필요한 법이다. 좁은 작업실에서는 엄두를 못 낼 일이어서 결국 백남준은 머추너스가 불하하는 소호의 로프트를 얻기로 결심했다. 그렇게 얻은 집이 머서가 110번지에 있는 5층짜리 건물의 꼭대기 층이었다. 공장을 개조한 곳이어서 천장은 높았고 내부는 더없이 밝았다. 그가 바라던 장소였던 셈이다.

하지만 심각한 문제가 있었는데 바로 돈이었다. 머추너스가 제시한 금액은 1만 2,000달러로, 빈털터리였던 백남준에게 그렇게 큰돈이 있을 리 만무했다. 결국 당시 그의 연인이었던 시게코는 머추너스에게 "거부인 아버지가 갑자기 돌아가셔서 백남준이 곧 많은 유산을 넘겨받는다"라고 거짓말하여 대금의 25%인 3,000달러만 주고 나머지는 매달 1,000달러씩 갚는 조건으로 집을 사는 데 성공했다. 사실 백남준의 아버지는 1956년에 세상을 떠났으며, 그의 집안은 정경 유착을 통해 부를 축적해왔는데 연거푸 터진 정치 스캔들로 집안 가세가 기울기 시작했다. 게다가 가업을 이어받은 백남준의 형이 손댄 사업이 실패하면서 형편이 옹색해졌고, 급기야 부정축재 혐의로 재산까지 몰수당했다.

두 사람은 어렵게 장소를 얻었지만 다달이 갚아야 할 돈 때문에 근심으로 가득했다. 그러던 어느 날 가난한 예술가 부부로서 살아가던 그들에게 좋은 소식이 들려왔다. 백남준의 오랜 친구이자 조각가로, 뒤셀도르프 예술 아카데미의 학장으로 있던 노르베르트 크리케에게서 새롭게 개설하는 비디오학과의 교수로 와달라는 뜻밖의 제안을 받은 것이었다. 플럭서스 예술가들과 함께 공연을 선보였던 그곳에서 말이다. 백남준과 시게코는 뉴욕의 스튜디오는 그대로 둔 채 독일로 건너갔다.

백남준은 진지하고 엄숙한 태도로 학생들을 가르치려고 하지 않았고, 오히려 학생들과의 협업을 통해 파격적인 퍼포먼스를 선보이고자 했다. 그러면서도 성을 예술의 중요한 제재 가운데 하나라

예술가의 거리, 소호

지금과 달리 소호는 황폐하고 버려진 곳이었다. 가난한 예술가들이 임대료가 저렴한 지역을 찾아 이곳에 몰려들기 시작하면서 곳곳에 아틀리에가 만들어졌다. 19세기 후반에 지어진 주철 건물들과 예술가들의 갤러리들이 한데 뒤섞여 독특한 도시 풍경을 자아낸다.

고 생각해 에로티시즘에 기초한 수업을 했다. 격식에 구애 않고 자신만의 스타일로 밀고 나간 그의 명성은 국경을 넘어 프랑스로까지 퍼져나갔고, 당시 소르본대학교의 영상학과 교수로 있던 장폴 파르지에는 백남준을 "20세기 최고의 예술가"라고 극찬했다. 백남준이 1978년 파리 시립현대미술관에서, 1982년 퐁피두센터에서 전시회를 열 수 있었던 것도 이러한 분위기와 무관하지 않았다.

백남준에게 시게코는 연인을 넘어 예술적 동지이자 든든한 지원자였다. 그녀는 대륙적 기질의 건강하고 외향적 성격의 소유자로 자신의 생각을 당당하게 드러냈기에 백남준의 좋은 논쟁 상대이기도 했다. 백남준에게 그저 퍼포먼스나 실험적인 비디오아트만을 고집할 것이 아니라 상품성 있는 작품을 만들어보라고 조언한 것도, 작가이자 유명 큐레이터인 존 핸하트를 그에게 소개해준 것도 그녀였다.

백남준은 뛰어난 작가이기도 한 그녀와의 결혼 생활에서 예술적 영감을 얻곤 했다. 이를테면 1982년 휘트니미술관 백남준 회고전 때 첫선을 보였던 〈비라미드〉가 단적인 예다. 사실 〈비라미드〉는 시게코가 만든 〈마르셀 뒤샹의 무덤〉에서 모티브를 얻은 작품이다. 그녀는 가장 존경하던 예술가 뒤샹이 1968년에 세상을 떠나자 4년 뒤에 그를 애도하는 의미로 프랑스 루앙에 있는 그의 무덤을 찾아갔다. 시게코는 그곳에서 뒤샹의 무덤과 그 주변 풍광을 비디오에 담은 뒤 이를 이용한 〈마르셀 뒤샹의 무덤〉을 만들었다. 이 작품은 약 스무 대의 9인치 소형 모니터를 일렬로 설치한 뒤, 화면에서 묘지에서 불던 음산한 바람 소리와 함께 그 주변의 광경이 흘러 나오도록 한 것이다. 백남준은 이 작품을 수직으로 확대해 〈비라미드〉로 발전시켰다. 결국 마흔 대의 텔레비전을 삼각형 모양으로 쌓아올린 〈비라미드〉는 두 사람의 아이디어가 어우러져 탄생한 셈이다. 비평가들은 당시로서는 방대한 스케일의 이 작품이 〈다다익선〉으로 재탄생했다고 보았다.

나는 뉴욕에서 일하던 2006~2009년 사이에 운 좋게도 머서가에 있는 백남준의 로프트에 여러 번 드나든 적이 있다. 어느 날 시게코는 백남준의 자취를 보여주겠다며 나를 집으로 초대했다. 그들의 삶을 생생하게 볼 수 있는 절호의 기회라고 생각한 나는 기쁜 마음으로 그 초대에 응했다. 덕분에 누구보다도 발 빠르게 시대 변화에 반응하며 새로운 예술을 창조해냈던 백남준의 역사적 공간에 발을 내디딜 수 있었다. 역에서 출발해 5분가량 걸었을까. 백남준이 살던 집은 회색의 아파트 건물에 도착했는데 현관이 보이지 않았다. 대신에 아파트 입주자들의 이름이 적힌 조그맣고 기다란 명찰 옆에 검은색 버튼이 눈에 띄었다. 초인종임을 직감하고 길게 누르자 한참 있다가 "누구냐"라는 목소리가 들려왔다. 이윽고 "문을 열고 들어와 조금만 기다려달라"라는 답이 돌아왔다. 나중에 알게 된 일이지만, 몸이 불편했던 그녀가 인터폰을 받기 위해 걸어 나오는데 시간이 꽤 걸렸다고 한다. 삑 하는 소리와 함께 옆문이 자동으로 열렸고 엘리베이터를 타 꼭대기 층에 도달했다.

문이 열리니 현관도 없이 바로 내부로 이어졌다. 벽에는 아무렇게나 붙여놓은 것처럼 보이는 온갖 그림과 지도 그리고 사진 들로 가득했는데, 독특한 백남준의 취향을 엿볼 수 있었다. 영화 카메라, 조명 기구, 벽에 겹겹이 세워놓은 캔버스 등 무엇 하나 가지런하게 놓아둔 것이 없었다. 꽤나 어수선하다는 인상이 단박에 들었다. 이곳은 여느 아파트와 달랐다. 실내 중앙에 레일 같은 손잡이가 화장실을 향해 이어져 있는 것이 아닌가. 시게코는 "중풍으로 쓰러져 잘 걷지 못했던 남준을 위해 특별히 만든 것"이라고 했다.

실내 중앙에는 두 사람을 모델로 만든 비디오 조각상들이 놓여 있었다. 어떤 것은 양철판을 구부려 만든 듯했고, 또 다른 것은 얇은 금속 파이프를 연결해 만든 것이었다. 공통점이라면 얼굴이든 배든 아니면 가슴 부위든, 각양각색의 모니터가 달려 영상을 쏟아내고 있었다. 이 중 시게코를 모델로 한 작품은 양손에 아령을 들고 활기차게 걷는 모습을 하고 있었다. 그녀는 "어릴 적부터 말괄량이여서 고향 벌판을 쏘다니곤 했다. 이 작품은 씩씩한 나의 모습을 상징한 것"이라며 밝게 웃었다.

떠나간 연인에 대한 그리움이 사무쳤던 것일까. 실내 곳곳에는 백남준의 모습을 한 조각상이 놓여 있었다. 하나는 바이올린을 들어 올린 것이었고, 또 다른 하나는 굵은 철사로 만든 것인데 머리와 가슴과 손에 달린 브라운관에서 백남준의 영상이 쉴 새 없이 쏟아졌다. 전자는 바이올린을 때려 부수는 퍼포먼스를 즐겼던 백남준, 후자는 휠체어에 앉아 말년을 보내던 그의 모습이었다.

작품을 만드는 것 외에는 특별한 의미를 두지 않았던 그였지만, '문자 중독증'이라고 해도 무방할 만큼 읽고 또 읽으며 독서에 집착했다. 그는 집 근처에 있는 단골 카페에 앉아 여덟 개의 주간지와 네 개의 월간지 그리고 세 개의 일간지를 읽었다. 때로는 화장실에 읽을거리를 들고 들어가 두세 시간씩 나오지 않은 적도 종종 있었다고 한다.

신시내티의 스튜디오에서 불거진 위작 논란

백남준이 미국에 거주한 기간이 30년을 넘어서인지 이곳에는 그와 관련된 장소들이 많이 남아 있다. 그가 행위예술의 선구자인 앨런 캐프로의 초청을 받아 한때 학생들을 가르쳤던 샌타클래라의 캘리포니아예술대학교, 백남준의 예술적 후원자 중 하나였던 칼 솔베이의 지원 아래 본격적으로 작품을 만들었던 신시내티의 스튜디오 그리고 그와 관련된 모든 자료가 기증된 워싱턴 D. C.의 스미스소니언박물관 등을 꼽을 수 있다. 나는 이 중에서 캘리포니아예술대학을 제외한 나머지 두 곳에 가본 적이 있다.

뉴욕에서 근무하던 2005년에 신시내티의 스튜디오를 방문했다. 백남준은 1996년에 뇌졸중으로 쓰러지기 전까지 신시내티의 스튜디오에서 여러 조수의 힘을 빌려 작품 활동을 했는데, 이곳에서 탄생한 많은 작품들이 그에게 명성과 경제적 안정을 가져다주었다. 이런 작업의 터전을 마련해준 인물은 솔베이라는 유대인 화상이었다. 그는 1982년에 휘트니미술관에서 열린 백남준 회고전을 보고 그의 작품에 반했다고 한다. 당시 백남준은 미국에서 손꼽히는 미술관에서 개인전을 열 만큼 유명해졌지만 수중에는 제대로 작품 활동을 할 만한 자금이 없었다. 심지어 작품에 사용하는 텔레비전을 충분히 살 능력이 안 되어 지인들로부터 돈을 빌려 쓴 뒤 갚곤 했다. 이런 사정을 알게 된 솔베이는 자신의 갤러리가 있는 신시내티에 백남준의 스튜디오를 마련해주고 그가 마음껏 작품 활동을 할 수 있도록 후원해주었다.

오하이오주에 위치한 신시내티는 전형적인 미국 중소도시다. 오하이오강을 끼고 있는 이 도시는 과거 해운의 중심지로 이곳에 자리 잡은 제조업체들 덕분에 한때 번영을 누렸지만 20세기 들어 내륙 수운이 퇴보하고 미국 제조업이 경쟁력을 잃으면서 지금은 미국 동부의 쇠락한 도시 중 하나로 전락했다. 그래서였을까? 내가 찾았을 때, 신시내티의 전체적인 분위기는 어둡고 쓸쓸했다. 솔베이가 운영한 솔베이갤러리는 도시의 서쪽 웨스트엔드 지역에 있었다. 갤러리는 내가 상상하던 것과 몹시 다른 분위기였다. 뉴욕의 경우 많은 갤러리가 첼시나 소호와 같은 미술관 밀집 지역에 자리 잡아 한눈에 보아도 예술의 거리라는 것을 단박에 알 수 있을 정도다. 하지만 솔베이갤러리가 있는 지역은 예술의 거리와는 동떨어진, 회색의 공장 지대 같은 느낌이었다. 갤러리는 벽돌과 시멘트로 이루어져 우중충한 분위기를 풍기는 빌딩에 입주해 있었다. 밖에서 보면 이런 곳에 화랑이 있다는 것이 전혀 상상이 안 될 정도였다. 백남준의 스튜디오 역시 이런 공장 건물 어딘가에 있었으리라.

실제로 주변 분위기 때문이었는지 백남준의 스튜디오는 '공장'이라고 불렸다. 미국에서 가장 유명한 팝아티스트 워홀의 스튜디오

신시내티

미국 중동부 오하이오주의 남서부에 있는 도시로, 오하이오강을 사이에 두고 켄터키주와 다리로 연결되어 있다. 백남준은 신시내티에 있는 자신의 작업실을 팩토리라고 불렀는데, 이 도시의 분위기와 제법 어울리는 이름이다.

역시 팩토리, 즉 공장이라고 불렸던 것을 따라 했을 수도 있지만, 백남준이 텔레비전 로봇, 철골 등을 연결해 작품을 만들었던 것을 생각하면 제법 어울리는 이름인 듯하다.

우중충한 건물 외관과 달리 내부는 밝은 톤의 벽과 환한 조명으로 꾸며져 여느 갤러리와 똑같았다. 운이 좋게도 나는 솔베이를 만날 수 있었다. 그는 갤러리 내부를 친절하게 안내해준 뒤 같은 층 한쪽에 있는 작품 보관실로 나를 인도했다. 솔베이는 "이곳에 백남준의 작품이 있다"라며 자랑스럽게 그림들을 꺼내 보여주었다. 주로 백남준의 머서가 로프트에도 꽤 걸려 있는, 눈에 익은 스케치 작품들이었다. 비디오 조각 같은 대형 설치 작품들은 다른 창고에 둔 듯했다. 그는 "백남준은 굉장히 지적인 사람으로 지독한 독서광이었다. 신시내티에 올 때 가방을 들고 왔는데 그 안에는 칫솔 정도 외에는 책이 전부였다"라면서 백남준에 대한 이야기를 들려주었다.

솔베이는 백남준 사후에 백남준재단을 물려받은 하쿠다와 치열한 법정 싸움을 벌이기도 했다. 많은 현대미술가가 그렇듯, 백남준도 조수들의 힘을 빌려 작품을 만들었다. 아베를 비롯해 전기 기술자와 음향 전문가 등이 작품 창작에 참여해 기술적인 도움과 함께 아이디어를 보태곤 했다. 백남준은 이들과 협업하며 예술적 지평을 넓혀나갔다. 그는 기본적인 아이디어와 작품 방향을 제시하며 여러 분야 전문가들의 조언을 듣고 소화해 더 나은 작품이 탄생할 수 있도록 전체 그룹을 이끄는 일종의 지휘자였다. 이런 연유로 백남준의 상당수 작품을 공동 창작물로 보아야 한다는 의견이 있다. 실제로 백남준은 아이디어만 제시하고 작품을 만드는 과정을 조수나 다른 작가에게 맡기는 경우가 많았으며 가끔 신시내티의 스튜디오에 들러 진행 상황을 확인하는 정도였다. 조수들이 새로운 작품을 완성하면 그가 서명을 하는 방식이었다. 백남준 자신의 오리지널 작품이라는 것을 확인하기 위한 절차일 뿐이었다.

문제는 하쿠다 측에서, 스튜디오에서 백남준 모르게 작품을 제작하여 그의 이름으로 판 것이 있다고 주장했다. 한마디로 스튜디오에서 가짜 백남준 작품을 만들어 시중에 유통시켰다는 것이다. 이런 의혹이 불거진 것은 2003년 무렵이었다. 2001년, 미국을 떠들썩하게 만든 회계 부정 사건으로 잘나가던 엔론이라는 에너지회사가 문을 닫게 된다. 이 때문에 엔론으로부터 돈을 못 받게 된 금융회사들이 이 회사 소유의 미술품 등 값나가는 물건들을 경매로 처분했는데 그중에는 백남준의 작품도 있었다. 고가의 미술품이 경매에 부쳐질 경우 진위 여부를 가리기 위해 작가에게 문의하는 것이 일반적이다. 당연히 엔론에서 나온 작품에 대해서도 백남준에게 진품인지 확인해달라는 요청이 들어왔다. 기록에 따르면, 문제의 작품은 엔론이 솔베이갤러리에서 사들인 것으로 되어 있었다. 하지만 백남준은 그 작품을 보자마자 "이건 내가 만든 것이 아니다"라며 가짜 판정을 내렸다. 이 작품과 관련해 갤러리로부터 돈을 받은 기록이 전혀 없다는 것이 결정적인 사유라고 백남준 측은 주장했다. 이때부터 시작된 하쿠다와 솔베이 간의 갈등은 계속되었고, 백남준이 세상을 떠난 뒤에도 그 앙금은 풀리지 않았다.

정보화 시대의 묵시록, 〈전자 초고속도로〉

신시내티 외에 백남준의 족적이 남아 있는 또 다른 도시로 미국의 수도 워싱턴 D. C.를 꼽을 수 있다. 이곳에 백남준의 대표작 중 하나인 〈전자 초고속도로〉를 포함해 그와 관련된 모든 자료들이 보관되어 있는 스미스소니언박물관이 있기 때문이다.

1964년, 미국에 첫발을 내디딘 백남준은 모든 것을 신기해했지만 미국식 고속도로를 보고 큰 충격을 받았다. 러시아와 캐나다에 이어 전 세계에서 세 번째로 넓은 영토를 가진 미국에서는 철도보다 자동차 교통이 훨씬 더 발달했다. 엄청난 자본을 투입해서 철로를 놓아도 정해진 곳만 갈 수 있는 철도와는 달리 어디든지 쉽게 갈 수 있는 자동차가 인구밀도가 높지 않은 미국에서는 훨씬 유리하기 때문이다. 먼 거리를 안전하고 빠르게 가기 위해서는 넓고 잘 닦인 도로가 필수적이다. 이 때문에 1950년대에 미국 정부는 각 주를 가로세로로 연결하는 현대식 고속도로를 처음으로 건설하기 시작했다. 1960년대만 하더라도 미국의 주州간 고속도로 시스템이 도입된 지 불과 9년밖에 안 된 시기였다. 그러니 백남준의 눈에는 끝없이 너른 벌판 위로 놓인 고속도로가 마냥 신기하게 보였을 것이다.

게다가 1990년대부터 불어닥친 정보화 혁명은 그에게 또 다른 충격을 주었다. 전기회로를 통해 빛의 속도로 전파되는 정보의 움직임은 물리적 움직임보다 빨랐으며, 이는 곧 새로운 시대의 개막을 알리는 신호였다. 백남준은 이처럼 빠른 정보의 전달이 전 세계를 바꾸어놓을 것이라고 확신했다. 그리하여 그는 전자정보가 미국의 전 지역을 연결할 것이라는 메시지를 담은 작품을 만들기로 결심하고 작업에 착수했다. 어떤 작품을 만들지 고민하던 그는 미국이 다양한 주로 이루어졌다는 데 착안하여 각 주의 경계를 갖가지 색깔의 네온 튜브로 표현하고 그 안에 여러 개의 크고 작은 모니터들을 설치했다. 이렇게 해서 탄생한 작품이 〈전자 초고속도로〉다.

〈전자 초고속도로〉는 높이 4.5미터, 폭 12미터의 거작이다. 무려 336대의 텔레비전과 50개의 DVD 플레이어와 1,140여 미터의 케이블 그리고 175미터에 달하는 다양한 색깔의 네온 튜브가 사용되었으며 1995년에 완성되었다. 이 작품의 특징이라면 백남준이 만든 그 어떤 작품보다도 미국이라는 나라와 밀접하게 관련되어 있다는 사실이다. 미국 영토를 작품의 모티브로 삼아 각 주의 상징을 영상에 담았다는 것만으로도 지극히 미국적이라고 말할 수 있다. 백남준은 2002년 스미스소니언박물관에 이 작품을 기증했고, 박물관 측은 이를 3층에 상설 전시하는 것으로 보답했다. 수많은 작품을 수집하는 박물관은 한꺼번에 모든 것을 보여줄 수 없다. 이 때문에 돌아가며 작품들을 전시하는 것이 관행이다. 해당 박물관이나 미술관을 상징하는 유명 작품일 경우에는 예외적으로 상설 전시할 뿐이다. 파리 루브르박물관의 〈모나리자〉가 바로 그런 사례다. 그러니 〈전자 초고속도로〉가 상설 전시된다는 것은 미술관 측에서 백남준의 작품을 얼마나 높게 평가하는지를 상징적으로 보여주는 대목이라고 할 수 있다.

앞서 이야기한 것처럼, 백남준 사후에 그와 관련된 모든 자료가 스미스소니언박물관에 기증되었다. 이곳에는 그가 쓴 글들은 물론

스미스소니언박물관
이곳에 백남준의 아카이브가 설치되어 있으며 작품 구성안, 동시대 예술가들과 주고받은
서신은 물론 그의 초기작 등이 보관되어 있다.

지인들과 주고받은 서신과 스케치 등 그의 삶과 예술 세계를 이해하는 데 도움이 되는 모든 것이 포함되었다. 백남준의 유족들이 그와 관련한 자료 일체를 스미스소니언박물관에 기증하자 박물관 측에서 핸하트를 미디어아트 및 백남준 자료관 고문으로 임명했다. 백남준 연구에 관해서는 세계 최고의 전문가라고 할 만한 핸하트가 그의 자료를 관리한다는 것은 어쩌면 당연한 일이었다.

내가 스미스소니언박물관을 찾은 때는 2017년이었다. 박물관은 백악관과 미 의사당을 잇는 유명한 도로 펜실베이니아 애비뉴의 중간쯤에서 북쪽으로 세 블록 떨어진 F 스트리트 노스에 위치해 있다. 펜실베이니아 애비뉴에서 5분쯤 꺾어 들어가니 기다란 원형 기둥에 그리스신전을 닮은 웅장한 흰색 대리석 건물인 스미스소니언박물관이 나타났다. 가까이 다가가 보니 국립초상화갤러리와 같은 건물을 쓰고 있었다. 역대 대통령을 비롯해 미국 역사를 상징하는 유명한 인물들의 초상화들이 그곳에 있다.

스미스소니언박물관에 백남준의 많은 작품이 소장되어 있지만, 그중에서도 나는 〈전자 초고속도로〉가 가장 먼저 보고 싶어 이 작품이 걸려 있는 3층 전시실로 직행했다. 전시실 입구에 들어선 순간 한쪽에서 뿜어져 나오는 형형색색의 네온 튜브 불빛이 내 눈을 사로잡았다. 휘황찬란한 빛을 따라 발길을 재촉하니 곧바로 짧은 탄성이 새어 나왔다. 첫인상은 예상보다 작품이 훨씬 크다는 것이었다. 동쪽 끝인 메인주에서 서쪽 끝인 하와이주에 이르기까지, 백남준이 네온 튜브와 텔레비전으로 표현한 미국은 광대하고 다채로웠다. 그는 미국 사회의 특징을 제대로 이해한 상태에서 이 작품을 만들었으리라. 각양각색의 네온 튜브로 구분한 각 주에는 텔레비전들이 걸려 있는데, 브라운관에서는 그 주를 상징하는 영상이 쉴 새 없이 흘러나왔다. 백남준은 캔자스주에는 이곳을 무대로 한 영화 〈오즈의 마법사〉를, 알래스카주에는 얼음과 눈으로 덮인 풍경을, 하와이주에는 영화 〈남태평양〉을 그리고 켄터키주에는 이 지역의 유명한 경마 대회인 켄터키 더비의 모습을 담았다. 참으로 재치 넘치는 작품이 아닐 수 없다. 이렇듯 광활하고 아름다우면서도 기술적으로 진보한 느낌의 미국을 표현한 〈전자 초고속도로〉를 미국 사람들은 좋아하지 않을 수 없었을 것이다. 백남준의 이 작품이 스미스소니언박물관의 가장 좋은 자리에 걸린 이유도 이 때문이 아닐까.

위성을 이용한 우주 오페라

백남준은 모름지기 예술가란 미래를 사유할 수 있어야 하며, 소통의 기획자로서 예술의 새로운 가능성을 모색해야 한다고 이야기했다. 이러한 그의 생각에서 출발하여 탄생한 것이 바로 첫 번째 위성아트인 〈굿모닝 미스터 오웰〉이었다. 이 위성 쇼는 전 세계에서 2,500만 명이 시청한 것으로 알려졌다. 이 공연 이후 백남준은 세계적인 스타덤에 올랐다. 그에게 인공위성은 많은 사람과 소통할 수 있는 창구였기에 작품을 위한 오브제 그 이상의 의미를 지녔다. 그는 〈굿바이 미스터 오웰〉을 시작으로 〈바이 바이 키플링〉을 거쳐 〈세계와 손잡고〉까지 총 세 번에 걸쳐 위성아트를 선보였다. 그래서 이 세 작품을 일컬어 '위성 3부작 시리즈'라고 부르기도 한다. 백남준은 위성을 통해 공간과 시간의 제약을 뛰어넘어 전 세계인의 소통이 가능하다는 것을 보여주고자 했다.

그가 인공위성에 관심을 가지기 시작한 것은 1977년 도큐멘타의 오프닝 위성 중계 방송 때문이었다. 당시 그는 〈TV 정원〉의 유럽 초연을 앞둔 상태여서 다른 일에 관심을 가질 여유가 없었다. 하지만 동료들의 권유로 30분 동안 프로그램을 진행하게 되었다. 물론 당시에는 일방적인 소통에 그쳤지만, 위성아트의 시작을 알리는 사건과도 같았다.

1986년에 위성 중계한 〈바이 바이 키플링〉은 「동양과 서양의 노래」라는 시에서 "오, 동양은 동양, 서양은 서양, 이 둘은 결코 만나지 못하리"라고 말한 영국의 소설가이자 시인인 조지프 러디어드 키플링의 말에 정면으로 반박하듯, 동서양이 위성을 통해 하나 되는 모습을 보여주기 위한 백남준 의지의 표상이었다. 〈바이 바이 키플링〉은 미국 현지 시간으로 1986년 10월 5일 오후 9시 30분부터 시작하여 두 시간 가까이 생방송으로 전파를 탔다. 당시 한국에서는 아시안게임이 한창인 데다가 방송 시작 무렵에는 마라톤 경기 중이었기 때문에 한국 시간으로는 그날 오전 10시부터 방송이 이루어졌다.

진행자의 인사 이후 화면을 가득 채운 것은 한국의 전통 북춤과 장구 공연이었다. 사전에 촬영해놓은 영상을 빨리 감기로 내보내다 보니 브라운관 화면 너머로 박진감 넘치는 음악이 흘러나왔다. 그리고 국악인 김영임과 황병기의 전통음악 연주에서부터 정경화와 정명훈의 클래식음악 공연이 울려 퍼지면서 동서양의 음악이 하나되는 모습이 연출되었다. 백남준은 자신의 발명품이라며 공 안에 작은 비디오카메라를 삽입한 '비디오 공'도 소개했다. 인상적인 것은 영상 중간에 한국전쟁과 폭격 장면, 가난한 피란 시절의 모습을 넣은 건 물론 전후 눈부신 경제 성장을 이룬 한국의 모습을 동시에 보여주었다는 점이다. 1분도 안 되는 짧은 영상이었지만, 한국의 근현대사를 한 번에 담아낸 작품이 아닐 수 없다.

공연이 끝난 뒤 호평과 혹평이 쏟아졌다. 한국 사람들은 한국의 비중이 30퍼센트도 안 된다면서 전 세계에 한국의 문화를 알리기에는 부족했다며 비판했다. 반대로 미국에서는 비디오아트의 분방함과 시공간의 초월성을 드러냈다고 찬사가 이어졌다.

그로부터 2년 뒤에 백남준의 위성아트가 다시 한번 전파를 탔다. 1988년 뉴욕의 WNET 방송국과 한국의 KBS 방송국은 서울올림픽에 맞춰 〈세계와 손잡고〉를 공동으로 기획하고, 총 열한 개국에 방송을 내보냈다. 이 작품은 백남준의 위성아트 중에서 유일하게 이야기로 이루어졌다. 외계에서 온 모비우스 박사가 지구 곳곳에서 다양한 퍼포먼스를 보며 지구를 공격하려던 마음을 고쳐먹는다는 내용으로, 언어가 달라도 음악과 춤을 통해 소통할 수 있다는 백남준의 생각이 고스란히 담겨 있다. 일본의 작곡가 사카모토 류이치, 영국의 싱어송라이터이자 배우인 데이비드 보위 같은 유명한 뮤지션들이 이 공연에 대거 참여했다. 특이한 것은 소련의 음악가 세르게이 큐료힌과 그의 밴드가 레닌그라드(지금의 상트페테르부르크)에서 연주하는 장면이 등장했다는 점이다. 냉전 체제가 무너지기도 전에 이념을 초월한 공연이 이루어졌다는 데 놀라움을 금할 수 없다.

야곱의 사다리에 오른 백남준

어릴 적부터 병약했던 백남준은 여러 병에 시달렸다. 그중 하나가 가족력이 있던 당뇨병이었다. 이 때문에 그는 평소에도 쉽게 피로해하고 아무 데서나 잠들곤 했다. 널리 알려진 것처럼 당뇨병 때문에 뇌졸중이 일어나기도 한다. 당뇨병으로 인해 동맥의 벽에 지방과 콜레스테롤 등이 붙어 혈관이 좁아지고 탄력을 잃어 조기 동맥경화증이 뇌혈관에 발생하기 때문이다. 이때 뇌동맥이 갑자기 터져 출혈한 혈액이 굳어져 혈관을 막고 주위 신경을 압박해 손발의 마비, 언어 장애, 호흡 곤란 등을 일으킨다. 특히 겨울철 추운 날씨에는 신체의 모든 부위 혈관이 수축하여 혈압이 평상시보다 상승하기 때문에 뇌졸중이 발생할 확률이 높아진다.

백남준이 뇌졸중으로 쓰러진 것도 바로 이런 상황 속에서였다. 뇌졸중이 덮치기 전, 그는 여러 곳을 돌아다니며 무리를 했다. 시게코가 극구 말렸음에도 개인전이 열리던 신시내티를 찾았다. 며칠 후에는 비행기로 열네 시간 이상 소요되는 서울에 다녀왔다. 한국에서 가장 권위 있는 상 중 하나인 호암상 예술 분야 수상자로 선정되었기 때문이다. 그러나 백남준은 무리한 일정에다 추운 날씨를 견뎌내지 못했다.

한국을 다녀온 다음 날인 1996년 4월 9일, 아파트 거실 의자에 앉아 있던 그는 갑자기 심하게 재채기를 시작했다. 그런 후 힘없이 픽 고개를 떨구더니 정신을 잃고 말았다. 뇌졸중이었다. 곁에 있던 시게코가 그의 이름을 몇 번이나 불렀음에도 그는 정신을 차리지 못했다. 넋이 나간 그녀는 백남준의 조수가 사는 아래층으로 뛰어내려가 도움을 청했다. 급박한 사정을 들은 그는 곧바로 앰뷸런스를 불러 백남준을 뉴욕대학교 부속병원으로 옮겼다. 기나긴 백남준의 투병 생활은 이렇게 시작했다.

그는 쓰러진 지 반년쯤 지나서야 언어 기능을 되찾았고, 재활 훈련을 통해 약간의 거동이 가능해졌다. 하지만 한쪽 팔과 다리의 마비로 휠체어에 의지하며 살아가야 했다. 그렇게 백남준은 10년을 살았다. 보통 사람이라면 뇌졸중으로 신체 한쪽이 마비될 경우 절망에 빠져 허우적댔을 것이다. 하지만 그는 굴하지 않았다. 그의 예술혼은 그전과 똑같이, 아니, 오히려 그전보다 더 활활 불타올랐다. 육신의 고통은 예술을 향한 그의 열정을 막지 못했다.

시게코는 백남준의 건강을 염려하여 마이애미로 거처를 옮겼다. 그곳에 그가 마련해둔 아파트가 있었기 때문이다. 이곳에서의 생활은 안온했다. 백남준은 책을 읽거나 그림을 그리면서 자신의 생각을 표출했다. 그는 휠체어를 타고 집 밖으로 나가는 것을 좋아했다. 몸이 불편해지면 다른 사람 눈에 띄기 싫어 움츠러들기 쉬운데 그는 그렇지 않았다.

건강이 조금씩 나아지자 백남준의 내면에 잠재했던 창작에 대한 열망이 다시 한번 솟구쳐 오르기 시작했다. 그는 병마와 싸우면서도 한 치의 흔들림 없이 예술가로서의 길을 나아갔다. 그는 레이저

를 이용한 새로운 예술 장르에 도전하는 등 초인적인 면모를 드러
냈다. 사실 레이저에 대한 그의 관심은 1960년대부터 시작되었다.
1965년에 그는 카페 오 고 고에서 첫 비디오테이프를 상영했을 당
시 팸플릿에 '레이저 아이디어 3번'에 대한 내용을 같이 실었는데,
자신이 구상하던 레이저아트를 실행에 옮기지는 못했지만, 이때부
터 레이저의 가능성에 주목하고 있던 것은 분명했다.

  백남준은 기회만 되면 소호 일대의 아파트와 창고 등을 작업실
로 쓰기 위해 사들였다. 그렇게 장만한 스튜디오가 모두 세 곳이었
다. 브룸가, 그랜드가, 그린가에 각각 스튜디오를 두고 창작에 몰두
했다. 마이애미와 뉴욕을 오가면서 백남준은 자신의 뜻을 알아주는
예술적 동지이자 조수들을 고용해 새로운 작업을 시도했다. 어쩌면
그는 자신의 삶에서 마지막 작품이 되리라고 예상했을지도 모른다.
  2000년에 구겐하임미술관에서 대규모 백남준 회고전이 열렸다.
이 전시회에 소개된 작품 중에서 사람들의 눈길을 사로잡은 것은
〈야곱의 사다리〉였다. 이는 건물 바닥에서 쏘아 올린 초록색 레이
저 광선을 여러 개의 거울로 반사시켜 사다리 모양으로 만들어 7층
높이의 천장까지 도달하게끔 한 작품이었다. 백남준은 미술관 바닥
에 형형색색의 영상을 쏟아내는 수십 개의 브라운관을 설치하고,
천장에는 레이저 광선으로 만든 회오리 모양의 영상이 계속 회전하
게 만들었다. 또 천장에서 바닥으로 폭포처럼 물이 떨어지도록 했
다. 이 떨어지는 폭포수를 뚫고 초록색 레이저 광선이 천장으로 날
아올랐다.

메모라빌리아

백남준은 대형 작품을 만들기 위해 브룸가, 그랜드가, 그린가에 작업실을 마련했다. 브룸가의 스튜디오에서는 대형 작품들을 제작하고, 그랜드가의 작업실에서는 드로잉 작업과 함께 갤러리 관계자를 주로 만났으며, 그린가의 작업실에서는 레이저아트 작업을 했다. 용인에 위치한 백남준아트센터에 가면 뉴욕 브룸가에 있던 백남준의 작업실을 그대로 재현해놓은 메모라빌리아를 만날 수 있다. 온갖 전선들과 전자기기들로 가득해 예술가의 작업실보다는 전파상이라는 느낌이 든다.

백남준은 구약성경에 나오는 이야기인 야곱의 사다리를 바탕으로 이 같은 레이저아트를 선보였다. 이사악의 아들 야곱이 쌍둥이 형 에사오를 속여 장자권을 빼앗아 달아나던 중 꿈에서 특별한 장면을 봤다고 한다. 구름 사이에 사다리가 걸쳐져 있고 이를 통해 천사들이 내려와 자신을 축복해주는 꿈이다. 이 때문에 서양에서는 구름 사이로 내비치는 햇빛을 '야곱의 사다리'라고 부른다. 이 때문에 초록색 레이저로 표현한 〈야곱의 사다리〉가 브라운관으로 상징되는 지상과 아름다운 레이저 소용돌이가 감도는 천국을 잇는 듯한 느낌을 준다.

사실 그전에 레이저를 이용한 작품이 없었던 것은 아니지만 〈야곱의 사다리〉가 특별한 것은 레이저 광선 자체를 예술로 구현했다는 사실이다. 이전까지는 레이저로 사람 얼굴과 같은 형상을 만드는 것에 그쳤다. 하지만 백남준은 초록색 광선을 사다리로 치환했다. 누구도 생각하지 못한 천재적인 발상이 아닐 수 없다. 비디오아트를 처음 시작한 데 이어 레이저아트를 통해 예술의 새로운 패러다임을 창조해냈던 것이다. 큐레이터 핸하트는 백남준이 레이저를 사용해 만든 작품을 "포스트비디오"라고 일컬으며, 빛과 에너지의 힘으로 시공간을 재편하려 했던 그의 비디오아트들과 연속선상에 있다고 설명했다.

나는 뉴욕 출장 덕분에 〈야곱의 사다리〉를 직접 볼 수 있었다. 1층부터 7층까지 나선형 복도로 연결된 구겐하임미술관은 중앙이 뻥뚫린 구조로 일단 엘리베이터로 꼭대기 층에 올라간 뒤 나선형 복도를 따라 내려오면서 작품을 감상하도록 되어 있다. 하지만 〈야곱

빛으로 그려낸 〈야곱의 사다리〉

백남준은 구겐하임미술관 천장에 인공 폭포를 설치하고 쏟아지는 물줄기 사이로 초록색 레이저를 쏘아 올렸다. 중간중간에 거울을 달아 레이저가 꺾이면서 위쪽으로 뻗어 나가게 해 기하학적인 굴곡을 탄생시켰다. 〈야곱의 사다리〉를 보았을 때 레이저 광선을 타고 하늘로 올라갈 수 있을 것 같은 기분이 들었다.

의 사다리〉는 꼭대기 층에서 밑을 내려다보아야 작품을 제대로 감상할 수 있다. 초록색 광선이 시원한 물소리를 내며 떨어지는 폭포수를 뚫으면서 날렵하게 날아 올랐고, 바닥 밑으로 브라운관이 보였다. 천장을 올려다보니 울긋불긋한 빛이 소용돌이치며 돌고 있었다. 뇌졸중으로 쓰러졌다는 소식이 퍼지면서 '이제 백남준도 끝이 났다'라는 세간의 소문을 단숨에 날려버린 걸작이 아닐 수 없었다.

전시회를 성공적으로 마친 뒤 백남준은 마이애미로 내려가 휴식을 취했다. 그러던 중 당뇨 합병증인 백내장이 와 한쪽 눈의 시력을 잃게 되었다. 절망적인 상황에서도 그는 특유의 유머 감각을 발휘하며 오히려 자신을 걱정하는 주변 사람들을 위로했다. 마이애미에서 지내는 동안 그는 피아노 연주를 즐겨 했다. 학창 시절에 그가 작곡한 작품이나 〈아리랑〉같이 고향을 떠올리게 하는 곡들을 쳤다. 죽음이 얼마 남지 않아서였을까. 그는 곧잘 향수에 젖어들며 고향을 그리워했다. 평소와 다름없는 생활을 보내던 어느 날, 백남준은 숨을 헉헉거리다가 쓰러지고 말았다. 곁을 지키던 시게코가 그의 몸을 흔들어댔지만 미동조차 없었다. 그렇게 그에게 죽음이 찾아왔다.

그가 세상을 떠난 후 그를 어디에 안치할 것인지에 대한 문제가 불거졌다. 유족들은 프랭크 캠벨이라는 장례식장에서 화장한 다음 한국과 독일 그리고 미국에 그의 유해를 안치하기로 결정했다. 한국에서 태어났지만 일본에서 대학을 마치고 독일에서 새로운 예술을 접한 뒤 미국에서 만개한 백남준이기에 그의 정체성을 어느 한 나라에 가두려 한다면 이처럼 잘못된 일은 없을 것이다. 그는 칭기 즈칸에서부터 칸트까지, 그리고 중국 고대문명에서 전자 혁명에 이

르기까지 과거와 현재, 동양과 서양을 넘나들며 예술의 새로운 지
평을 열어온 개척자였다. 그러니 그의 유해를 세 나라에 나누어 보
관하기로 한 결정은 그렇기에 너무나 온당한 판단처럼 느껴진다.

'영원한 자유인'으로 세상을 떠돌던 백남준이었기에 그에게 국
적은 그리 중요한 문제가 아닐지도 모른다. 자신을 '정주 유목민'이
라 불렀던 만큼 그의 사고와 관심은 한곳에 머무르지 않았다. 정주
유목민이라는 개념은 비단 작품 세계에만 국한하는 것이 아니다.
그의 삶 전체를 관통하는 이념적 지향점이기도 했다.

백남준 회고전

백남준이 세계적인 예술가로 명성을 얻을 수 있던 것은 1982년 뉴욕의 휘트니미술관에서 열린 회고전 덕분이었다. 휘트니미술관이 그에게 관심을 가지게 된 것은 특별한 인연 때문이었다. 백남준과의 만남 이후 그의 친구이자 정신적 후원자로서, 그가 세상을 떠난 뒤에도 끊임없이 그의 예술 세계를 세상에 널리 알리고 있는 핸하트가 그 인연의 연결고리 역할을 했다. 젊은 큐레이터였던 그는 당시에 막 떠오르기 시작한 비디오아트에 남다른 관심을 가지고 있었다. 그러니 그에게 비디오아트의 선구자 백남준은 당연히 관심의 대상이었을 것이다. 그는 백남준이 활동했던 독일까지 찾아가 그의 작품들을 면밀히 검토하며 전시회의 개최 여부와 예술가로서의 성장 가능성 등을 다각도로 분석했다. 그리고 수년간에 걸친 연구 끝에 핸하트는 백남준의 개인전을 추진해도 될 만큼 그가 중요한 예술가라는 결론을 내렸다. 물론 핸하트에게 이 같은 결정은 큰 모험이었을 것이다. 이 전시회에서 〈TV 부처〉〈달은 가장 오래된 TV〉〈살아 있는 조각을 위한 TV 브라〉〈TV 정원〉〈비라미드〉 같은 중요한 백남준 비디오아트의 초기 작품들이 대거 선보였다. 《뉴욕타임스》는 백남준에 대해 "거만하지 않고, 즐거우며 심지어 위트까지 있기에, 다른 비디오 작가에 비해 훨씬 더 접근하기 쉽다"라고 칭찬하며, 그의 전시회를 소개하는 호의적인 기사를 게재했다.

2000년 뉴욕의 구겐하임미술관에서 열린 전시회 덕분에 예술가로서의 백남준의 입지는 더욱 확고해졌다. 이곳에서 '백남준의 세계'라는 이름의 대규모 회고전이 열렸는데, 동양인 최초의 전시였다. 미술관 측에서는 밀레니엄의 첫 전시회라는 콘셉트에 가장 적합한 인물로 백남준을 꼽으며 "그는 전자 이미지를 도입해 현대미술에 대한 기존의 개념을 완전히 뒤집어놓은 획기적인 예술가"라고 평가했다. 백남준으로서는 1982년 휘트니미술관 전시회 이후 18년 만에 갖는 회고전이었다. 그러니 그의 감회 또한 남달랐을 것이다. 백남준은 1960년대부터 관심을 가졌던 레이저를 이용한 전시회를 구상했다. 비디오아트를 뛰어넘어 새로운 예술의 패러다임을 열 수 있는 레이저아트를 선보이려고 했던 것이다. 하지만 작품을 준비하는 과정에서 그는 뇌졸중으로 쓰러지고 말았다. 응급 치료 덕분에 위기를 모면했지만 이전과 같은 생활이 불가능해졌다. 꾸준한 재활 치료로 건강을 되찾아가던 그는 구겐하임미술관과의 약속을 지키기 위해 조수들의 도움을 받으며 창작 활동에 몰두했다. 이 전시회에 선보인 작품 중에서 사람들의 눈길을 사로잡은 것은 〈야곱의 사다리〉뿐만이 아니었다. 〈삼원소〉를 본 관람객들은 감탄을 자아냈다. 이 작품은 백남준이 레이저 설치 전문가인 노먼 발라드와 함께 제작한 것으로, 물과 불 그리고 흙의 이미지를 각각 삼각형, 원형, 사각형으로 상징화한 것이다. 프리즘에 의해 분산된 레이저 빛이 거울에 다시 반사되는 원리를 이용한 이 작품을 보고 있노라면 끊임없이 이어지는 겹겹의 빛 때문에 헤어 나올 수 없는 블랙홀에 빠진 것 같은 황홀감이 느껴진다. 레오나르도 다빈치 연구자이자 옥스퍼드대학의 명예교수인 마틴 켐프는 이 작품을 두고 "예술과 과학의 접목으로 완성한 종합 예술"이라고 하며 백남준이 브라운관을 캔버스로 사용해 기존 예술의 한계를 과감히 뛰어넘었다고 평가했다.

　최근에는 영국의 템스강 변에 자리한 런던 테이트모던미술관에서 50년 가까이 이어진 백남준의 예술 세계를 조망하는 전시회가 열렸다. 200여 점에 이르는 작품과 사진, 영상, 아카이브 자료 등 그동안 대중에게 공개된 적 없는 그의 초기작부터 대형 작품들이 선을 보여 관람객들의 시선을 끌었다. 미술관 측에서는 이번 전시를 통해 백남준의 초국가적이면서 미래지향적인 면모를 보여주려 했다고 밝혔다. 탈국가주의를 내세우면서도 국가주의가 곳곳에서 고개를 들고 있는 지금의 상황을 볼 때 백남준의 정신이 더욱더 중요하다고 강조하기도 했다. 이 전시회를 통해 그동안 저평가되어온 백남준 작품들에 대한 미술사적 재평가가 이루어졌으면 하는 소망을 품어본다.

테이트모던미술관

20세기의 다빈치

2013년 8월, 영국 북쪽의 유서 깊은 고도 에든버러에서 세계적인 문화의 향연인 '에든버러 국제 페스티벌'이 열렸다. 연극, 영화, 재즈, 출판 등 온갖 장르의 문화 행사가 어우러진 이 페스티벌의 그해 테마는 '예술과 기술'이었다. 행사 주최 측은 이 주제에 맞는 세계적 예술가들의 전시회를 기획했는데, 여러 분야를 넘나들며 예술의 새로운 지평을 연 백남준이 빠질 리 없었다. 때마침 2013년은 그가 처음으로 비디오아트를 선보인 '음악의 전시―전자 텔레비전' 전시회를 연 지 꼭 50년이 되는 해였다. 에든버러에 초청된 대가는 백남준만이 아니었다. 〈모나리자〉와 〈최후의 만찬〉을 그린 화가이자 조각가, 발명가, 음악가, 해부학자, 심지어 요리사였던 다빈치의 전시회도 열렸다.

에든버러 페스티벌에 초청된 예술가들은 수없이 많았지만, 당

에든버러 국제 페스티벌

매년 여름 스코틀랜드의 에든버러에서 개최하는 페스티벌로, 제2차 세계대전으로 상처받은
이들을 치유하고 황폐해진 스코틀랜드의 문화, 나아가 유럽의 문화를 부흥하기 위해 시작했
다. 에든버러 시내의 주요 공연장, 거리, 광장 곳곳에서 공연과 전시 등이 펼쳐져 페스티벌이
열릴 때면 도시 전체에서 예술적 분위기가 물씬 난다. 이 페스티벌에 초청받지 못한 이들이 모
여 작은 축제를 벌인 것이 계기가 된 프린지는 점차 참가자와 관람객 들의 호응을 얻어 에든버
러 국제 페스티벌의 일환으로 인식되고 있다.

시 언론은 백남준과 다빈치에 특별히 주목했다. 이 두 사람이야말로 예술과 기술(또는 과학)의 경계를 넘나들며 새로운 장르와 새로운 세계를 펼쳐 보인 위대한 거인이었기 때문이다. 실제로 스코틀랜드의 미술비평가 모리아 제프리는 이 지역 최대 일간지 《스코츠먼The Scotsman》에 "그들은 다른 시간, 다른 문화 속에서 살았다. 하지만 다빈치와 백남준에게 예술과 과학은 분리할 수 없는 것이었다"라고 평가했다.

그래서일까? 백남준은 흔히 '20세기의 다빈치'로 불리곤 한다. 실제로 두 사람의 인생을 들여다보면 비슷한 면이 많아 적확한 표현이라는 생각이 든다. 10대 말에 그림 그리기를 시작한 다빈치는 화가로서의 생활에 안주하지 않았다. 그는 의학, 해부학 등 다양한 분야를 넘나들며 사고의 실마리를 발견하고 헬리콥터, 낙하산, 석궁 등 후대에 나온 발명품들을 몇 세기나 앞서 고안했다. 게다가 늘 새로운 방법을 강구했다. 이를테면 스푸마토sfumato라는 회화 기법으로, 다빈치는 윤곽선을 안개처럼 모호하게 처리하여 흐릿한 질감을 만들어냈다. 덕분에 보일 듯 말 듯한 신비스러운 미소를 머금은 〈모나리자〉가 탄생할 수 있었다. 그를 인류 역사상 가장 위대한 '르네상스적 인간'이라고 명명한 까닭도 여기에 있다.

예외가 없는 것은 아니지만 언뜻 보기에 예술과 과학은 하나가 될 수 없는 분야처럼 보인다. 인류의 역사를 살펴보면 예술은 감성에, 과학은 이성에 토대를 두고 태어나 발전해왔다. 그래서 예술이 주관적이고 선험적 측면이 강한 반면, 과학은 객관적이고 경험적 측면을 강조한다. 그러니 이질적인 예술과 과학에 모두 능통하면서 이를 최고 수준으로 끌어올린다는 것은 보통 사람에게는 불가능한 일이다. 하지만 다빈치와 백남준 모두 예술과 과학에 능통했으며 이를 통섭해나갔다. 끊임없이 새로운 세상을 열어젖혔던 창조력 또한 닮았다. 백남준은 자신의 기발한 작품을 통해 다른 이들에게 영감을 불어넣었을 뿐만 아니라 전에 없던 예술이 출현하도록 터를 닦았다. 비디오아트가 그랬고 그 뒤를 이은 위성아트 그리고 인생의 마지막 단계에서 만들어낸 레이저아트도 새로운 예술을 향한 위대한 도전이었다.

개인적으로 가깝게 지내온 세계적인 미술가가 들려준 잊히지 않는 이야기가 있다. 그는 거의 비슷한 구도의 작품일지라도 한 부분의 색깔을 바꾸어 칠할 때는 얼마나 많은 고민을 하는지 이루 말할 수 없다고 하면서 혹시라도 사람들이 이를 마음에 들지 않아 해 자신의 인기가 추락할지 모른다는 불안감을 떨쳐버리지 못한다고 덧붙였다.

하지만 백남준은 정반대였다. 하나의 작품을 완성하고 나면 더 이상 거들떠보지 않았고 새로운 프로젝트 구상에 완전히 빠져들었다. 그는 똑같거나 비슷한 형식의 작품을 만들어내는 대신 어떻게 하면 새로운 것을 창조해낼 것인가를 늘 궁리하며 살았다. 과거와 현재에 안주하는 것이 아니라 미래를 향해 나아갔다. 백남준은 과거 미국의 한 프로그램에 출연해 "남이 안 다니는 길로 가는 것을 좋아한다"라고 밝힌 적이 있다. 실제로 그는 어릴 적에도 늘 다니던 길이 아니라 한 번도 가본 적이 없는 길을 골라 다니곤 했다. 이런 성향에 비추어볼 때 백남준은 전인미답의 새로운 예술 세계를 만들어내는 것에 보람과 자부심을 느꼈을 것이 틀림없었다.

백남준 역시 살과 피로 이루어진 인간이다. 그 역시 새로운 시도가 실패할지도 모른다는 두려움에 휩싸이곤 했을 것이다. 그런데도 그는 실패를 겁내지 않고 과감하게 새로운 세계에 뛰어들었다. 이런 용기는 어디에서 나온 것일까? 그의 말과 글 그리고 때로는 괴팍한 기행 등을 살펴볼 때 이러한 삶의 태도는 '삼라만상의 무상함'을 일찍이 깨달았기 때문이라고 나는 믿는다.

백남준의 이 같은 마음가짐은 그의 벗이자 예술적 동지인 이어령 전 문화부 장관이 들려준 에피소드에서도 드러난다. 이 전 장관에 따르면, 백남준은 가지고 다니던 계란 모양의 대리석이나 향나무 같은 것을 꺼낸 다음 그림이나 낙서를 한 뒤 선물로 주곤 했다. 그런데 그가 사용한 것은 물이 묻거나 시간이 지나면 없어지는 수성펜이었다. 그래서 이 전 장관이 "기왕이면 지워지지 않는 유성펜으로 그리라"라고 한마디 하자 이렇게 이야기했다고 한다. "왜? 팔려고? 이 그림은 지워질 때까지 보는 거야. 원래 예술품은 그때 즐거워야 하는 거지. 내일이면 시시해져." 백남준은 수많은 인간이 추구해온, 영원이라는 가치에 집착하지 않았던 것이 틀림없다. 그렇지 않고서야 머지않아 사라져버리고 마는 수성펜으로 그림을 그렸을 리 없다.

백남준이 남긴 이야기를 통해서도 그가 세속적인 집착에는 초월했음을 알 수 있다.

조상들이 뛰놀던 몽골 벌판을 가보라. 피라미드도 에펠탑도 아크로폴리스도 없고, 아무것도 없다. 그곳에는 아무런 문명도 남아 있지 않다. 아무것도 남기지 않는 것이 우리 조상들이 살던 초원의 미학이다. 내 작품도 마찬가지다. 낡은 진공관은 10년도 못 간다. 나는 세상에 나왔다가 바람처럼 사라지는 예술을 한 것이다. 왜 무엇을 남기려 하느냐.

나는 이렇듯 집착하지 않는 백남준의 사고가 지극히 동양적인, 특히 허무를 우주의 근원으로 여기는 노장사상에 맥이 닿아 있다고 생각한다. 실제로 그는 중국어를 배울 정도로 동양사상에 관심이 많았는데, 특히 노장사상에 심취했다. 여기에다 감성이 사금파리 조각처럼 날카로운 20대 초, 백남준은 일본의 고도 가마쿠라에 살며 선불교 사상에 흠뻑 빠졌다. 어느 것 하나에도 집착하지 않는 정신세계가 형성될 수밖에 없는 조건이었던 셈이다.

결국 백남준이라는 인물을 간단히 정의해보면, '끊임없이 창조하면서도 세속적인 것에 집착하지 않는 20세기의 다빈치' 정도가 딱 들어맞을 것이다. 평범한 인간으로서는 도저히 범접할 수 없는 정신과 예술 세계를 이룬 까닭에 백남준은 영원히 잊히지 않는 위대한 인물로 남을 수 있었다. "우리 한국인 앞에 놓인 문명이라는 바다에는 백남준이라는 등대가 있으므로 능히 항해할 수 있다"라고 이야기한 이어령 전 장관의 말은 수년간 백남준의 삶을 따라 고단하게 헤맸던 나에게는 뼈에 사무치도록 울림이 큰 잠언이다.

백남준 예술의 키워드

01 전위음악

누나 곁을 맴돌며 어깨너머로 피아노를 접하던 백남준은 경기보통학교에 입학하면서 본격적으로 음악을 배우기 시작했다. 이곳에서 그는 이건우에게서 작곡을, 신재덕에게서 피아노를 사사했다. 어린 백남준의 음악적 재능을 알아본 이건우는 그에게 쇤베르크 음악을 알려주었다. 덕분에 쇤베르크 작품 세계에 눈을 뜨게 된 백남준은 서양음악의 토대인 장조와 단조를 없애고 무조음악을 시도한 것은 물론 한 발 더 나아가 12음 기법을 고안한 쇤베르크에게 큰 충격을 받으며 점차 그의 음악 세계에 심취했다. 대학에 진학한 이후에도 쇤베르크 연구를 이어나가던 그는 독일로 건너가 전위음악을 천착하다가 일상의 소음이나 침묵도 음악이 될 수 있다고 설파한 케이지를 만나 혁명에 가까운 사고의 전환을 경험했다. 이후 케이지의 음악 세계에서 영감을 받아 작품을 제작하거나 퍼포먼스를 통해 그에 대한 오마주를 선보였다.

02 미디어아트

매체는 라틴어 'medium'에서 파생한 말로, 신문, 잡지, 라디오, 텔레비전 등과 같이 어떤 사실이나 정보를 담아서 수용자들에게 보내는 역할을 하는 매개체를 의미한다. 역사상 백남준만큼 다양한 매체로 작업한 예술가도 드물다. 그는 새로운 매체의 등장에 누구보다 민감하게 반응하며 이로 인한 사회의 변화를 예민하게 포착했다. 백남준은 텔레비전을 시작으로 인공위성에 이르기까지 현대인들의 일상 속에 깊숙이 침투하며 우리 삶의 일부분으로 자리한 대중매체를 예술의 오브제로 만들면서 자신만의 독창적인 예술 세계를 구축해나갔다.

03 선 사상

10대 때부터 동양철학에 빠졌던 백남준은 일본으로 이주한 후에 본격적으로 선 사상을 천착하며 자신을 되돌아보고 끊임없이 화두를 던지면서 깨달음을 얻어나갔다. 예술가가 된 이후에는 선 사상을 모티브로 하는 〈TV 부처〉와 〈백팔번뇌〉 같은 작품을 선보였다. 불교와의 인연으로 백남준이 세상을 떠난 후 서울에 위치한 봉은사에서 그의 추모제가 열리기도 했다.

봉은사

04 노스탤지어

1950년 전쟁의 참화를 피해 등 떠밀리듯 한국을 떠났던 백남준은 종종 고국에 대한 애정을 드러냈다. 그는 고국과 가족에 대한 향수나 어린 시절의 추억에서 영감을 얻곤 했는데, 그의 기억에 자리한 특정 날짜를 이용한 작품을 많이 남겼다. 말년에 그가 남긴 작품들을 보면 유년시절에 대한 그리움이 묻어난다. 백남준은 과거를 되돌아보면서 품게 되는 노스탤지어가 단순히 기억을 끄집어내는 행위가 아니라, 마치 타인이 우리에게 주는 피드백 못지않은, 혹은 그보다 훨씬 더 큰 깨달음을 일깨울 수 있다고 믿었다.

05 플럭서스

플럭서스는 1960년대 초 독일을 중심으로 일어난 국제적인 전위예술 운동으로, 머추너스가 '플럭서스 국제 신음악 페스티벌'의 초대장 문구로 처음 사용하면서 널리 알려졌다. 장르를 엄격하게 구분 짓고 획일적인 예술관이나 작품 개념을 선보였던 기존의 예술 방식은 플럭서스 예술가들에게 도전의 대상이었다. 그들은 음악과 회화와 문학 등을 융합한 예술을 선보이며, 나아가 일상과 예술, 작가와 대중 간의 경계를 무너뜨리고자 했다. 고정관념을 타파하려는 플럭서스 예술가들은 일상생활에서 마주할 수 있는 단순한 동작들을 무대에 올리며 새로운 예술의 형태를 구현하고자 노력했다. 퍼포먼스 예술의 등장에 선도적인 역할을 했으며, 백남준과 보이스 등이 대표적인 작가다. 백남준은 비평가 이르멜린 리비어와의 인터뷰에서 플럭서스에 대해 "나는 플럭서스의 반反스타 기질, 협동적인 면을 좋아합니다. 플럭서스는 전례 없는 재능들이 모였던 집단이고, 전후의 흔하지 않은 예술 운동 가운데 하나였죠. 모든 문화적 국수주의가 배제된, 진실하고 의식적인 국제 운동이었어요"(『백남준: 말에서 크리스토까지』 238쪽[5])라고 이야기한 바 있다.

Manifesto.

2. To affect, or bring to a certain state, by subjecting to, or treating with, a flux. "*Fluxed* into another world." *South.*
3. *Med.* To cause a discharge from, as in purging.

flux (flŭks), *n.* [OF., fr. L. *fluxus,* fr. *fluere, fluxum,* to flow. See FLUENT; cf. FLUSH, *n.* (of cards).] **1.** *Med.* **a** A flowing or fluid discharge from the bowels or other part; esp., an excessive and morbid discharge; as, the bloody *flux,* or dysentery. **b** The matter thus discharged.

<u>Purge</u> the world of bourgeois sickness, "intellectual", professional & commercialized culture, PURGE the world of dead art, imitation, artificial art, abstract art, illusionistic art, mathematical art, — PURGE THE WORLD OF "EUROPANISM"!

2. Act of flowing; a continuous moving on or passing by, as of a flowing stream; a continuing succession of changes.
3. A stream; copious flow; flood; outflow.
4. The setting in of the tide toward the shore. Cf. REFLUX.
5. State of being liquid through heat; fusion. *Rare.*

PROMOTE A REVOLUTIONARY FLOOD AND TIDE IN ART,
Promote living art, anti-art, promote NON ART REALITY to be ~~fully~~ grasped by all peoples, not only critics, dilettantes and professionals.

7. *Chem. & Metal.* **a** Any substance or mixture used to promote fusion, esp. the fusion of metals or minerals. Common metallurgical fluxes are silica and silicates (acidic); lime and limestone (basic), and fluorite (neutral). **b** Any substance applied to surfaces to be joined by soldering or welding, just prior to or during the operation, to clean and free them from oxide, thus promoting their union, as rosin.

<u>FUSE</u> the cadres of cultural, social & political revolutionaries into united front & action.

플럭서스 선언문

06 퍼포먼스

퍼포먼스는 전위적이고 실험적인 예술 행동이나 표현 양식을 일컫는 말이다. 그 발상은 20세기 초 이탈리아를 중심으로 과거의 전통과 학구적인 의식을 반대한 예술 운동인 미래주의, 기존의 모든 가치나 질서를 철저히 부정하면서, 비이성적이고 비심미적이며 비도덕적인 것을 지향하는 다다이즘, 제1차 세계대전 이후 프랑스를 중심으로 꿈이나 환영과 무의식의 세계를 탐구하여 표현의 혁신을 꾀한 쉬르레알리슴, 건축을 중심으로 예술과 기술의 종합을 추구한 바우하우스의 예술 운동으로까지 거슬러 올라간다. 백남준은 작품의 결과보다 과정을 중시하여, 그 과정에서 즉흥적으로 연출한 제작 행위 자체를 강조했다. 동일한 구성의 공연이라고 하더라도 관객들에게 이전과는 다른 강도의 놀라움과 충격, 카타르시스를 선사하는 것이 중요하다고 생각하여 즉흥적인 퍼포먼스를 선보였다. 백남준은 장르를 융합한 퍼포먼스를 통해 관객들의 시각과 청각을 교란했으며, 그동안 작품의 탄생 과정에서 철저하게 배제되었던 수용자, 즉 관객들을 창작 과정에 적극적으로 끌어들여 우연성이 뒤섞인 표현 행위 자체를 작품화하려고 시도했다.

07 성

백남준은 문학과 미술에서는 성이 중요한 모티브로 쓰이는 것과 달리 음악에서 금기시하는 것에 대해 불만을 토로하며, 성을 소재로 한 파격적인 퍼포먼스를 선보임으로써 음악이 성스러워야 한다는 통념에 적극적으로 저항했다. 이러한 그의 사고에서 기인한 퍼포먼스가 두 개 있다. 하나는 1962년에 탄생한 〈젊은 페니스의 교향곡〉으로, 이 퍼포먼스는 전후 물질적 풍요로움 속에서 자란 젊은이들의 자유분방한 성 풍속도를 적나라하게 그림으로써 성이라는 사회적 금기를 깬 이시하라 신타로의 『태양의 계절』을 모티브로 한 것이다. 백남준 스스로도 20년 뒤에나 이 퍼포먼스를 무대에 올릴 수 있을 것이라고 한 만큼 도발적인 내용으로 가득하여 뒤셀도르프에서의 공연 당시에는 스코어대로 진행하지 못했다. 또 다른 하나는 〈오페라 섹스트로니크〉다. 1964년에 미국으로 건너간 그는 가깝게 지내던 무어먼에게 음악과 성을 결합한 〈오페라 섹스트로니크〉 퍼포먼스를 제안했다. 뉴욕의 시네마테크 필름메이커스에서 선보인 이 공연에서 무어먼은 윗옷을 벗고 나와 외설죄로 경찰에게 체포되었고, 백남준도 연행되었다. 이 일로 예술계에서 에로티시즘이 전위인가 퇴폐인가를 두고 열띤 논쟁이 일어났으며, 두 사람은 예술의 자유를 대변하는 예술가로서 대중에게 각인되었다.

08 쌍방향 소통

두 차례의 세계대전 이후 전후의 세계 질서는 미국과 소련의 주도하에 냉전 체제로 재편되었다. 당시 두 나라는 이데올로기 대결과 정찰과 통신 등을 목적으로 군비 확장에 돌입하면서 막대한 국가 자본을 쏟아부었다. 1957년에 소련이 최초의 인공위성인 스푸트니크호 발사에 성공하자, 이에 대응하기 위해 미국은 미 항공우주국, 즉 나사NASA를 설립했다. 두 나라를 주축으로 본격적인 우주 개발 시대가 열리면서 인공위성은 냉전 체제의 산물로 여겨졌다. 이러한 시대적 상황 속에서 백남준은 인공위성이 감시와 통제의 수단이 아니라 상호 소통적인 매체임을 보여주기 위해 〈굿모닝 미스터 오웰〉이라는 위성아트를 기획했다. 그는 소통이 미래 사회의 강력한 무기이고, 미래는 소통하는 자들이 지배할 것이라고 내다보았다.

'굿모닝 미스터 오웰 2014' 전시회 전경

백남준 생애의 결정적 장면

1932   7월 20일, 서울 종로구 서린동에서 백낙승과 조종희의 3남 2녀 중 막내로 태어나다.

1945   경기보통학교에 입학하면서 본격적으로 피아노를 배우다.

1945   쇤베르크 음악과 조우하다

오스트리아 태생의 미국 작곡가인
쇤베르크는 12음 기법을 고안했으
며, 20세기의 대표적인 작곡가 중
하나로 꼽힌다. 이건우를 통해 그를
알게 된 백남준은 쇤베르크 음악 세
계에 빠져들고 깊이 연구한다.

쇤베르크의 초상화

1949   부친을 따라 통역원의 자격으로 홍콩에 가다.

1950   한국에 들어왔다가 한국전쟁의 발발로 부산으로 피란하다. 배를 타서 일본의 고
베로 건너간 다음 가마쿠라에 정착한다.

1952   일본 도쿄대학교에 입학하다.

1956   졸업논문으로 '아르놀트 쇤베르크에 관한 연구'를 발표하다.
인도의 콜카타와 이집트의 카이로를 거쳐 독일로 건너가다. 프라이부르크 고등
음악원에서 포르트너로부터 작곡을 사사한다.

1957   다름슈타트 국제 신음악 여름 강좌에 참가하다.

1958 다름슈타트 국제 신음악 여름 강좌에서 케이지를 만나다

백남준이 평생의 스승으로 삼은 케이지

케이지는 소음을 포함해 일상의 모든 소리가 음악이 될 수 있다고 설파한 음악가로, 백남준은 그를 통해 절대적인 침묵이라는 것은 없다는 사실과 함께 소음조차 음악이 될 수 있다는 것을 깨닫는다. 전자음악에 머물러 있던 백남준은 소리 콜라주를 시도하거나 다양한 퍼포먼스를 통해 음악이라는 영역의 해체를 시도하며 "케이지가 무작곡을 했다면, 나는 무음악을 추구하겠다"라고 선언한다.

1959 첫 퍼포먼스를 선보이다

케이지를 통해 새로운 음악 세계에 눈을 뜬 백남준은 그에 대한 존경과 감사의 마음을 담아 〈존 케이지에 대한 경의〉라는 공연을 기획하고, 뒤셀도르프의 갤러리22에서 이를 선보인다. 두 대의 피아노에 세 개의 테이프 콜라주를 구성하여 날계란을 던져 깨뜨리거나 유리를 깨부수고 피아노를 전복하는 등의 퍼포먼스를 결합한 이 공연은 백남준 최초의 행위예술로 평가받는다. 백남준은 이때의 소리 콜라주를 담은 릴테이프를 남겨놓는다.

1960   바우어마이스터의 아틀리에에서 두 대의 피아노를 부수고 케이지의 넥타이를 자르는 퍼포먼스인 〈피아노포르테를 위한 연습곡〉을 선보이다.

1961   〈오리기날레〉 공연에 참여하다.
            〈머리를 위한 선〉 퍼포먼스를 하다.

1962 플럭서스에 동참하다

리투아니아 출신의 미국 전위예술가인 머추너스는 비스바덴에서 '플럭서스 국제 신음악 페스티벌'을 개최한다. 당시 이 페스티벌에 참가한 백남준은 자신의 손과 머리카락에 물감을 묻히고 온몸으로 그림을 그리는 퍼포먼스를 선보인다. 이후 그는 장르의 구별 없이 무경계 예술을 추구하는 플럭서스에 합류하여 그 일원으로 활동한다. 플럭서스 예술가들은 바우어마이스터의 쾰른 스튜디오에서 전위적인 퍼포먼스를 초연하고 실험한다.

머추너스 기념우표

1963 비디오아트라는 새로운 장르를 개척하다

부퍼탈의 파르나스갤러리에서 열린 첫 개인전인 '음악의 전시―전자 텔레비전'에서 백남준은 텔레비전 열두 대와 피아노 네 대와 소음기 등을 선보이는데, 이 가운데 피아노 한 대를 보이스가 퍼포먼스의 일환으로 파괴한다. 다른 예술가와 달리 그는 텔레비전을 소통의 매체로 사용하면서 관람객의 참여를 이끌어낸다. 이 전시회를 시작으로 그는 본격적인 미디어아티스트의 길에 들어선다. 비록 이 전시회는 당대에는 평단이나 사람들의 관심을 받지는 못했지만 비디오아트의 탄생을 알리는 기념비적인 전시로 평가받는다.

'음악의 전시―전자 텔레비전' 전시회 포스터

1963   일본으로 건너가 우치다의 소개로 아베를 만나다.

1964   미국으로 이주하다.

도쿄의 쇼게쓰홀 공연에서 시게코를 처음 만나다.

1965   뉴욕의 카페 오 고 고에서 자신의 첫 번째 비디오 녹화 테이프를 상영하다.

1967   뉴욕에서 〈오페라 섹스트로니크〉를 선보이다

이 퍼포먼스를 1966년 독일의 아헨에서 초연할 때는 문제가 없었지만, 이듬해인 1967년 뉴욕에서 한 공연은 사회적 파장을 일으킨다. 백남준은 무어먼과 함께 성과 음악을 결합한 〈오페라 섹스트로니크〉를 무대에 올리지만, 경찰은 외설죄 혐의로 공연을 중단시키고 이들을 연행해간다. 예술가들은 표현의 자유를 보장하라며 구명 운동을 벌였고, 뉴욕주가 공연에 관한 법률을 개정하기에 이른다. 결국 이 작품은 성적 금기에 대한 도발을 넘어 예술가의 표현의 자유에 대한 문제로 비화한다.

1969   〈살아 있는 조각을 위한 TV 브라〉를 제작하다.

1970   록펠러재단으로부터 1만 달러를 지원받아 아베와 함께 비디오 신시사이저를 개발하다. 두 사람의 합작품인 〈백-아베 비디오 신시사이저〉는 카메라 등 외부 영상 소스를 받아 실시간으로 색과 형태를 변형하는 영상 편집이 가능한 기계로, 백남준은 이를 사용하여 최초의 작품인 네 시간짜리 〈비디오 코뮌〉을 방송한다.

1977   플럭서스 그룹의 동료이자 예술가인 시게코와 결혼하다. 이 무렵부터 당뇨병으로 고생한다.

위성 3부작 시리즈를 예고하는 공연을 하다. 카셀 도큐멘타의 개막식 행사에서 보이스, 무어먼 등과 여러 장소를 연결한 위성 생방송을 진행한다.

1978   뒤셀도르프 예술 아카데미 교수직 생활을 시작하다.

1982   휘트니미술관에서 대규모 회고전이 열리다. 이 전시회에서 〈로봇 K-456〉과 결별하는 퍼포먼스로 교통사고를 연출한다.

1984 첫 위성아트인 〈굿모닝 미스터 오웰〉을 선보이다

영국의 소설가 오웰은 『1984』에서 매스미디어를 이용한 감시와 통제가 일상이 된 암울한 미래를 그리며 인류가 기계의 노예가 될 것이라고 예언한다. 백남준은 이 같은 오웰의 예언이 틀렸음을 보여주기 위해 매스미디어의 긍정적인 기능을 부각하는 전무후무한 생방송 프로젝트를 기획한다. 전 세계에서 약 2,500만 명이 시청한 것으로 추산되는 이 쇼로 백남준은 세계적인 예술가 반열에 올라선다.

〈굿모닝 미스터 오웰〉

〈바이 바이 키플링〉

〈세계와 손잡고〉

1984   34년 만에 고국인 한국을 방문하다.

1986   동서양이 만날 수 없다고 한 20세기 초 영국의 소설가이자 시인 키플링의 말에 반하여 미국과 일본과 한국을 동시에 위성으로 연결한 〈바이 바이 키플링〉을 방영하다.

1988   1,003대의 텔레비전으로 구성한 〈다다익선〉을 국립현대미술관에 설치하다. 위성아트 〈세계와 손잡고〉가 방송되다.

1990   갤러리현대(지금의 금호미술관)에서 1986년에 세상을 떠난 보이스를 위한 추모굿을 벌이다.

1992   국립현대미술관에서 한국 최초의 백남준 회고전 '백남준, 비디오 때, 비디오 땅'이 열리다.

1993   베니스비엔날레에 독일관 대표로 참가하여 유목민인 예술가라는 주제로 황금사자상을 수상하다.

1996   뇌졸중으로 쓰러지다.

2000 레이저아트가 탄생하다

뇌졸중의 후유증으로 휠체어에 의지하며 생활해야 할 만큼 몸이 불편해진다. 모두가 백남준의 시대는 끝이 났다고 이야기했지만 오히려 그는 재도약을 꿈꾸며 레이저아트라는 새로운 영역에 도전해 뉴욕의 구겐하임미술관에서 열린 '백남준의 세계'라는 대규모 회고전에서 레이저로 형상화한 작품들을 선보인다. 이 전시회에 소개된 작품 중 백미로 꼽히는 것이 레이저아트인 〈달콤하고 숭고한〉과 〈야곱의 사다리〉 그리고 〈TV 정원〉을 한데 묶은 〈동시변조〉다. 백남준은 천지인 사상에 입각하여 태극무늬와 우주 원리를 도상화한 천장화로 하늘을 표현하고, 바닥에 모니터를 설치하여 땅을 구현한다. 그리고 인공 폭포를 설치한 다음 떨어지는 물줄기 사이로 초록색 레이저 광선이 지그재그 모양으로 천장까지 닿게 하여 천상과 지상을 하나로 연결해놓는다. 〈동시변조〉는 백남준의 사상과 미학이 집약된 최고 걸작으로 평가받는다.

구겐하임미술관

2006   1월 29일, 마이애미에서 세상을 떠나다.
2008   경기도 용인에 백남준아트센터가 개관하다.

주석 및 참고 문헌

1. 백남준,「자서전」,『백남준: 말에서 크리스토까지』에디트 데커, 이르멜린 리비어 편 (용인: 백남준아트센터, 2018), p. 361.

2. 백남준,「59세의 사유」,『백남준: 말에서 크리스토까지』에디트 데커, 이르멜린 리비어 편 (용인: 백남준아트센터, 2018), p. 70.

3. 백남준,「나에게는 세상에서 가장 위대한 의사, 아베」,『백남준: 말에서 크리스토까지』에 디트 데커, 이르멜린 리비어 편 (용인: 백남준아트센터, 2018), pp. 56-57.

4. 백남준,「오페라 섹스트로니크」,『백남준: 말에서 크리스토까지』에디트 데커, 이르멜린 리 비어 편 (용인: 백남준아트센터, 2018), p. 288.

5. 백남준,「마르셀 뒤샹은 비디오를 생각하지 않았다 ─ 이르멜린 리비어와의 인터뷰(1974년 12월 16일, 보훔)」,『백남준: 말에서 크리스토까지』에디트 데커, 이르멜린 리비어 편 (용인: 백남준아트센터, 2018), p. 238.

구보타 시게코·남정호,『나의 사랑 백남준』, 아르테, 2016.

김홍희,『굿모닝 미스터 백: 해프닝 플럭서스 비디오 아트 백남준』, 디자인하우스, 2007.

삶과꿈 편집부 엮음,『TV 부처 白南準: 백남준 추모문집』, 삶과꿈, 2007.

백남준아트센터총제미디어연구소 편저,『백남준의 귀환』, 백남준아트센터, 2010.

백남준아트센터,『백남준아트센터 국제예술상 특별전: 백남준 온 스테이지』, 백남준아트센터, 2014.

백남준아트센터,『인터미디어 극장』, 백남준아트센터, 2015.

에디트 데커,『백남준, 비디오 예술의 미학과 기술을 찾아서』, 김정용 옮김, 궁리, 2001.

에디트 데커·이르멜린 리비어 엮음,『백남준: 말에서 크리스토까지』, 임왕준·정미애· 김문영·이유진·마정연 옮김, 백남준아트센터, 2018.

윤이상,『여보, 나의 마누라, 나의 애인』, 남해의봄날, 2019.

이경희,『백남준 나의 유치원 친구』, 디자인하우스, 2011.

이수자,『내 남편 윤이상 상·하』, 창비, 1998.

이용우,『백남준 그 치열한 삶과 예술』, 열음사, 2008.

임산,『청년, 백남준: 초기 예술의 융합 미학』, 마로니에북스, 2012.

Asia Society, *Nam June Paik: Becoming Robot*, New Haven: Yale University Press, 2014.

Hanhardt, John G. and Ken Hakuta, *Nam June Paik: Global Visionary*, London: GILES, 2013.

Jacob, Mary Jane, Shigeko Kubota Video Sculpture, American Museum of the Moving Image, 1991.

Lee, Sook-Kyung and Susanne Rennert, *Nam June Paik*, London: Tate, 2011.

Hermann Nitsch and Gunter Brus, Winterreise From Asolo to New York and Vice Versa 1974, Archive F. Conz Verona, Italy, 2007.

Maya Stendhal Gallery, *Shigeko Kubota: My life with Nam June Paik*, New York: Maya Stendhal Gallery, 2007

ナム ジュン パイク, 『タイムコラージュ』, isshi press, 1984.

ワタリウム美術館, 『ナムジュン・パイク 2020年 笑っているのは誰 ?+?=??』, 平凡社, 2016.

사진 크레디트

클래식 클라우드 018

백남준

1판 1쇄 인쇄 2020년 4월 14일
1판 1쇄 발행 2020년 4월 22일

지은이 남정호
펴낸이 김영곤
펴낸곳 아르테

아르테클래식본부 본부장 장미희
클래식클라우드팀 팀장 권은경
책임편집 김슬기 클래식클라우드팀 임정우 박병익
마케팅 오수미 박수진
영업본부 이사 안형태
영업본부장 한충희 영업 김한성 이광호
제작 이영민 권경민
디자인 박대성 일러스트 최광렬

출판등록 2000년 5월 6일 제406-2003-061호
주소 (10881) 경기도 파주시 회동길 201(문발동)
대표전화 031-955-2100 팩스 031-955-2151

ISBN 978-89-509-8737-4 04000
ISBN 978-89-509-7413-8 (세트)
아르테는 (주)북이십일의 문학·교양 브랜드입니다.

(주)북이십일 경계를 허무는 콘텐츠 리더

네이버오디오클립/팟캐스트 [김태훈의 책보다 여행], 유튜브 [클래식클라우드]를 검색하세요.
네이버포스트 post.naver.com/classic_cloud
페이스북 www.facebook.com/21classiccloud
인스타그램 www.instagram.com/classic_cloud21